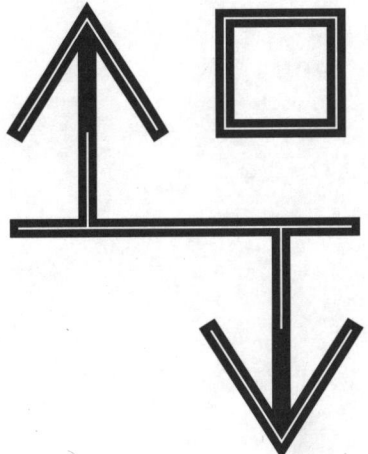

간행사

모든 것이 침체, 불안정이라는 단어들과 어우러져 우리의 어깨를 짓누르고 있습니다. 소문 첫 권이 나오고 1년 반이 흘러가는 동안, 새로움에 대한 기대는 그 최고점와 최저점을 모두 경험하고 정치는 기묘하게 '새로운 과거'로 회귀하고 있다는 느낌입니다. 더 많은 발언 기회를 얻은 다중과 그 발언의 장(場)을 정화하겠다는 고결한 목표를 실천하려는 정부가 충돌하는 모습이 어딘지 가까운 역사의 재판(再版)처럼 보이기 때문입니다. 패션의 유행처럼 역사도 돌고 도는 것일까요? 아니면 '영원 회귀'의 역사의 축소판을 보여 주는 것일까요? 어찌 됐든, 1980년대 롤라장을 누비던 현란한 패션이 브라운관으로 돌아온 것처럼, 누군가만을 위한 규범과 통제의 시대가 미디어와 인터넷 그리고 경제 정책을 통해 스멀스멀 돌아오고 있는 것 같습니다.

얼마 전 지난 해 말부터 올해 초 사이에 나온 600편 가까운 단편 영화들을 봐야 할 일이 있었습니다. 자본의 검열로부터 상대적으로 자유로운 단편 영화는 시대의 감수성을 발 빠르게 보여 주는 지표가 되곤 합니다. 특히 디지털 매체에 접근하기 쉬워진 요즘에는 더 많은 이들이 더 자주 카메라를 들어 자신과 세상을 비출 수 있으니 지난 시대의 펜이 할 수 있었던 것만큼이나 신속하게 날카로운 시선들을 보여 주게 되었습니다. 그 많은 작품들을 훑어보다 보니 지금 한국인들이 고민하고 있는 것들이 표표히 수면 위로 떠오르더군요. 수많은 청년들의 피땀이 어린 프레임에 잡힌 한국의 풍경은 청년 실업, 비정규직, 이주 노동자, 빈곤 속에 버려진 아이들, 재개발, 살인·강간 등의 강력 범죄 그리고 촛불 문화제로 채워져 있었습니다. 물론 다른 모든 소재와 주제들을 압도할 만큼 많았던 것은 남녀노소의 공통 관심사인 사랑이었지요. 하지만 그 사랑조차도 낭만보다는 살풍경에 가까웠습니다. 아마도 앞서 나열한 우울한 풍경들이 사랑을 그렇게 물들인 탓일 겁니다.

추상적인 단어로서 '사랑'은 많은 갈등에서 해결사 역할을 합니다. 김수환 추기경의 선종에 종교적 차이와 지위고하를 막론하여 수많은 이들이 슬퍼했던 이유는 아마도 그가 남기고 간 수많은 사랑의 메시지 때문이었을 것입니다. 안타깝게도 그가 그토록 설파했던 사형제 폐지는 강호순 사건에 치를 떠는 이들의 복수심을 누르지 못했고, 현 정부의 가슴을 설레게 했던 말년의 몇 마디 말씀들이 보수 언론들의 지면을 과장되게 장식했지만 말입니다. 어쨌든 그가 우리에게 전해 주려고 했던 사랑은, 끊임없이 타인에게 죄인일 수밖에 없는 인간들을 가장 넓고 따뜻하게 포용해 주

는 것임에 틀림없을 것입니다. 그러나 그 높디높은 사랑이 지상에 내려오면, 특히나 구체적인 활동으로서 '연애'라는 형식을 띠고 인간사를 파고들게 되면 갑자기 많은 갈등을 낳는 산모로 돌변하는 것처럼 보입니다. 아마도 감정은 행동을 유발하고 행동은 관계를 지향하고 관계는 결국 우리가 속한 사회를 구성하기 때문일 것입니다. 그리고 우리는 그 과정에서 사랑이 연애의 시발이 될 수는 있으나 종착지가 될 수는 없다는 사실을 깨닫게 됩니다.

'연애'를 《소문》 2호의 테마로 잡으면서 기획 위원들이 고민했던 질문의 원초적인 출발점은 '왜 사랑만 하면 안 되는가.'였습니다. 사랑이 연애로 접속할 때 그리고 결혼이나 다른 형태의 공인된 관계로 진행할 때 그 과정에서 발생하는 현실적인 문제들의 원인들을 적나라하게 파헤쳐 보고 싶었습니다. 즉 어떤 생물학적 배경들과 숨통을 조이는 현실적인 여건들이 어떻게 우리의 연애를 살풍경하게 만드는지를 보고 싶었던 것이지요. 그러므로 이번 테마는 연애라는 매력적인 키워드를 통해 딱딱하고 건조한 현실로 들어가 보려는 시도라고 할 수 있겠습니다. 애초에 어떤 대안이나 해답을 찾을 것을 기대했다기보다는 질문을 던지는 과정 자체를 통해 현재의 우리를 진단해 볼 수 있기를 바랐습니다. 테마에 참

여한 많은 필자들의 노고 덕에 한국 사회에서 '연애'라는 핑크빛 단어 뒤에 가려져 있던 음험한 음모들이 드러난 듯합니다.

또한 포스트 386세대를 위한 문화 잡지를 표방하며 선보였던 《소문》 창간호가 다소 '386 스럽다'라는 비판적인 평가들을 수렴하여 포스트 386세대들의 목소리를 있는 그대로 담고자 좌담을 기획해 보았습니다. 그리고 멀리 영국까지 날아가, 국방부 추천(?) 금서 목록에 저작을 올린 장하준 교수의 명쾌한 경제 논의도 들어 보았습니다.

2호를 준비하는 기간이 생각보다 많이 길어졌습니다. 그동안 우리의 논의가 시효가 지난 이야기가 되어 버리지 않을까, 기대와 걱정으로 복잡한 마음이 되곤 했습니다. 그러나 안타깝게도 우리의 문제의식을 가능하게 한 현실적인 조건들은 그다지 개선되지 않았고, 다행스럽게도 혹은 불행하게도 이 책에 실린 많은 글들은 여전히 유효합니다. 그렇게 아쉬움과 부끄러움을 담아 두 번째 《소문》을 여러분 앞에 내놓습니다.

2009년 3월
《소문》 기획위원
천정환·박경신·이영아·김지미

소문 2호 차례   간행사

기획 테마 — 연애

LOVE

포스트 386세대의
연애, 성, 사랑 그리고 결혼

기획의 말

이영아

1. "연애란 어른들의 장래 희망 같은 것"

이 말은 2006년에 방영되어, 20~30대 마니아 층을 형성했던 드라마 「연애시대」에 나오는 내레이션 중 한 토막이다. 이 드라마는 명대사가 많기로 유명한데, 드라마 제목대로 대부분 '연애'의 본질을 '촌철살인'한 것들이다. 사람이 살아가면서 죽을 때까지 포기할 수 없는 '장래 희망'이 '연애'라는 이 내레이션 역시 많은 공감을 자아낸 대목이었다.

인간이 변화하거나 발전할 가능성은 나이를 먹을수록 차츰 줄어든다. 물론 요즘은 초등학생들도 100일 기념 반지를 나눠 낄 만큼 열렬히 '연애'를 하지만, 특히 20대를 지난 뒤 30대를 거쳐 40대로 나아가야 할 때, 사람들 대부분에게 남은 마지막 '희망'은 결혼이나 연애에 국한될 때가 많다. 30대가 되고 나면 자신이 20대까지 쌓아 온 학력, 자격증, 경력, 인맥의 틀과 자신이 처한 사회 경제적 지위와 계급을 새삼 뛰어넘어 비약적으로 고양된 어떤 삶을 꿈꾸는 일이 거의 불가능하기 때문이다. 연애는 그렇게 앞이 막혀 버린 삶에 중요한 활력소이자 꿈이 된다.

또한 1990년대 이후 개인의 정체성 발견이 강조되면서, 개인이 자기를 넘어선 문제에 몰두, 헌신하거나 타인과 연대를 맺기가 쉽지 않아졌다. 이제 대학생들에게 '운동'을 매개로 젊음을 불사르고 목숨을 거는 일은, 필요하지도 않고 가능하지도 않다.(이것을 '이기심'이나 '의식화 부족'의 문제로 재단하는 것은 어리석은 일이다. 386세대가 현재 보여 주는 모습들도 마찬가지 아닌가? 그들 역시 지금은 사회와 현실에 참여하는 일보다 자기 가족, 자기 삶을 훨씬 중요하게 생각한다. '요즘 젊은 애들'이 '타락'한 것이 아니라 우리 모두가 다 그렇게 살고 있는 것이다.) 대신에 몰두와 헌신의 대상으로 새롭게 중요해진 것이 바로 사랑, 연애이다. 김은실이 『섹슈얼리티 강의 두 번째』에서 말한 대로, "나의 심리적·정서적 내면, 고유한 개인성을 이해하거나 알아볼 수 있는 특별한 사람과의

관계", "신자유주의의 무한 경쟁 시대에 경쟁할 수 없는 인정을 얻는 것"인 연애는 일종의 '구원 담론'이 되었다. 그래서 언제나 세상은 연애 중이며, 시대는 바야흐로 '연애 시대'다.

2. 그러나, 연애의 어려움

누구나 연애를 꿈꾸지만, 모두가 쉽게 연애를 할 수 있는 건 아니다. 연애 역시 돈과 평등의 문제와 얽혀 있다. 연애에도 양극화는 심각하다. '연애 시장'에서 먹히는 훌륭한 '자산'을 가진 사람들은 끊임없이 연애를 할 수 있지만, 어떤 사람들에게 연애는 평생에 한 번 하기도 힘든 일이다. 세상이 온통 연애 중일수록 후자에 속한 사람들이 느끼는 박탈감은 점점 더 커진다. 연애에 빈익빈 부익부 현상이 팽배하는 과정에 작동하는 가장 강력한 변수는 사회 경제적 지위·계급과 돈이다. 남성들의 경우가 특히 그러하다. 사회 경제적으로 높은 지위를 가진 남성들은 외모, 연령, 성격 등과 무관하게 연애와 결혼에 쉽게 도달한다. 그리고 지위와 계급이 낮음에도 연애와 결혼이나 섹스가 '절박한' 남성들은 자

신의 소득 수준을 넘어서는 '무리'한 '구매'를 해서라도 이 구조에 들어가려고 한다. 돈을 주고 국제 결혼을 하는 농촌 총각이나 다양한 성매매 행위에 동참하는 사람들, 원조 교제로 애인을 사는 사람들 등이 바로 그들이다. 돈으로 연애와 결혼을 사는 현재 한국 사회의 현상은 가슴 아프지만 부정할 수 없는 현실이다.

이에 비해 여성들의 연애, 결혼 '능력'은 외모나 성격, 연령 등의 개인적 매력 지수와 더 큰 상관성이 있다. 오늘날 '골드 미스', '알파걸' 같은 말이 유행하는 것을 보더라도 여성은 지위와 계급이 높을수록 오히려 연애나 결혼을 하기가 어려워진다. 남녀 관계에서 여성보다는 남성이 사회적 지위와 계급이 높아야 한다는 통념 때문이기도 하고, 이미 높은 사회적 지위를 획득한 여성들이 연애와 결혼 때문에 자신의 사회적 능력과 지위를 포기해야 될까 두려워하기 때문이기도 하다. 이들은 쉽사리 연애나 결혼에 뛰어들기에는 (뒤에서 말할) 낭만적 사랑의 이데올로기가 여성들에게 강요하는 희생과 헌신의 실체를 이미 충분히 잘 알고 있다. 경제학적으로 볼 때 결혼은

여성들에게 훨씬 '밑지는 장사'이기 때문이다.(우석훈) 그런데 그나마 이들은 '반쯤은' 스스로의 '선택'으로 연애나 결혼을 '거부'할 수 있지만, 대부분의 여성들은 사회적, 경제적으로 남성들보다 약자이기 때문에 연애와 결혼에 목숨을 건다. 그러나 외모, 연령, 성격 등의 매력 지수가 낮은 여성들은 연애와 결혼에서 선택받을 길이 없다. 이렇게 연애에서 소외된 사람들을 어떻게 해야 하나? 연애의 평등한 분배가 가능한가? 누군가와 누군가를 억지로 짝지을 수 있는가? (그 깊이와 성질에 상관없이) 감정으로부터 비롯될 수밖에 없는 연애는 언제나 개개인의 선택이 되고, 그런 점에서 절대로 만인 평등이 실현될 수 없는 영역이다. 그래서 어떤 사람들에게는 '연애 권하는 사회'가 엄청난 스트레스가 되고 있다.

3. 낭만적 사랑이라는 이데올로기

그러나 연애에 가장 큰 장애가 되는 것은 다른 것이 아니라 결혼, 가족주의와의 상관성이다. 연애가 결혼과 연관되기 시작한 것은 '낭만적 사랑'의 이데올로기가 만들어진 근대 이후이다. 낭만적인 사랑의 역

사는 겨우 250년에 불과하며, 그것을 '고안'해 낸 것은 정치 경제적 논리였다.(볼프강 라트, 『사랑, 그 딜레마의 역사』) 계몽주의 시대에 시민 계급은 과거 귀족들의 정략적이고 방탕한 성애를 비판하고, 일부일처제 결혼이라는 시민 계급 특유의 발명품을 만들어 내면서 감상적이고 낭만적인 사랑의 규격품으로서의 연애 결혼을 주장했다. 그러면서 사랑은 귀족의 특권이 아니라 만인의 공동 재산이 될 수 있었다. 연애의 '완성'으로서의 일부일처제 결혼은 남녀 간의 공·사 영역을 분명하게 분리하고 가족을 가부장의 사유 재산으로 여기게 만듦으로써 개인의 경제적 지위를 공고히 하거나 상승시키기에 가장 효율적인 '역할 분담' 체제였다. 즉 근대의 사랑은 욕망의 정치 경제학에 종속되었던 것이다. 이때부터 인간은 사랑과 결혼을 함께 묶어 생각했고 한 사람과만 일생을 함께하는 것이 행복이라고 여기게 되었다.

이것이 20세기에 들어 한국에도 '수입'되었다. 한국에서는 이것이 특히 가부장들로부터 독립된 연애와 결혼을 가능하게 만드는 논리로 이해되었다. 철모르는 시절(조혼), 부모의 결정에 따른(억혼) 결혼 대신, 개인의 자발적인 선택에 의해 연애와 결혼을 할 권리를 얻기 위해 20세기 초의 젊은이들은 영혼과 육체가 일치하는 연애와 결혼을 주장했다. 즉 처음 한국에 들어왔을 때의 '낭만적 사랑'이란 젊은 남성들의 '사랑을 전제로 한 결혼' 요구의 이데올로기였다. 그러나 연애에서 여성들의 주도권이 커지면서 이것은 차츰 '(일부일처제의) 결혼을 전제로 한 사랑' 형태로 정착되었다. 여성에게 구애하기 위해 남성은 이러한 낭만적 사랑 이데올로기에 따라 결혼을 전제로 연애해야 하고 일대일의 배타적 사랑을 약속해야 했다.

이처럼 '낭만적 사랑'이라는 근대의 발명품은 사실 절대 불변의 진리도 아니며, 이름만큼 '낭만적'이지만도 않다. 오히려 정치 경제의 논리, 효율성의 원칙, 남녀 간의 권력 관계에 따라 욕망을 조절하고 억압하는 제도였다. 그럼에도 연애를 하는 사람들은 대부분 이 낭만적 사랑의 이데올로기를 쉽게 떨쳐 버리지 못한다. 일단 사랑에 빠지고 나면, 누구나 '우리 둘만'의 사랑이 '영원'하기를 바라기 때문이다.(정작 영원한 사랑을 꿈꾸는 '마음'은 '영원하기 힘들다'는 것을 깜빡하면서 말이다.)

영원성에 대한 기대는 연애를 유사 가족의 형태로 변질시킨다. 낭만적 사랑 이데올로기에 따르면 연애는 곧 결혼이므로, 연애하는 대상에게 가족처럼 굴어도 된다고 믿게 한다. 가족이란 개인에게 최고의 안식처이기도 하지만 상처와 굴레의 기원이기도 하다. 이러한 가족주의가 연애에 '복사'되었을 때(천정환) 연애 역시 최상의 안도감과 행복을 주기도 하지만, 극도의 무관심이나 소유욕을 낳기도 한다. 가족을 통해 사회로부터 단절되고 배타적인 안식처를 얻고자 하는 욕망은 퇴행적인 것이며, 상대를 가족처럼 대하는 연애는 위험하다. 가족처럼 변치 않을 것이란 믿음으로 너무 쉽게 방심해 버린 사람도, 가족처럼 독점할 수 있다는 기대로 상대를 (지나치게) 구속해 버린 사람도 결국은 연애 자체를 망치고 만다. 그래서 필요한 것은 배타적 이성애가 아닌 연애, 그리고 더 나은 가족이 아니라 보다 많은 종류의 인간 연대이다.

이런 구조적 위험성에도 불구하고 낭만적 사랑에 사로잡힌 개인들은 자신이 연애에 실패한 원인을 자신이나 상대방의 잘못에서만 찾는다. 영원하고 배타적인 사랑이 어디엔가 분명 존재하리라는 기대를 쉽사리 버리지 못하고, 나의 이번 연애만이 잘못되었다고 믿는 것. 이러한 생각 때문에 연애로부터 고통 받는 사람들이 얼마나 많은가. 행복한 연애와 결혼은 자주 긴밀한 연관성을 갖지만, 실제 작동 메커니즘은 아주 별개이다. 사람들은 결혼이 연애의 완성이자 영원한 사랑의 보증이라고 믿지만, 결혼이 곧 사랑이나 섹슈얼리티와의 등식화를 보장해 주지는 않는다. 물론 결혼과 그것을 통해 형성된 가족은 개인이 기대할 수 있는 마지막 안식처이다. 그러나 이러한 '안식처'가 되기 위해선 가장의 처절한 생계 유지 노력이 필요하고 주부의 끊임없는 가사 노동이 요구된다. 여기에 출산, 육아, 자녀 교육의 문제가 덧붙여지면 상황은 더욱 어려워진다. 결혼은 사랑이라는 감정만으로는 지속될 수 없는, 제도이고 현실이다. 그럼에도 '사랑해서 결혼했다'는 사실이 결혼 생활에서도 사랑이라는 이름으로 포장된 '감정 노동'(이성은)을 요구한다. 부부에게 결혼 생활과 가족을 위한 무조건적

희생과 헌신을 당연하게 여기도록 만들고, 사랑과 섹슈얼리티에 있어서 독점적 관계가 되어야 한다고 강요한다. 그리고 이러한 결혼과 출산, 육아 등의 일련의 수순에서 비롯, 심화되는 가족주의는 개인을 황폐화하고 고립시키는 근원이 되기도 한다. 결혼을 전제한 연애와 결혼을 통한 가족 형성은 자본주의 사회에서 여전히 가장 '효율적', '경제적'인 공동체 맺기 과정이지만 그 효율성을 위해 포기되고 억압되어야 하는 것이 너무나 많다. 그 중심에는 낭만적 사랑에 대한 환상이 자리 잡고 있다. 영원하지 않으면 사랑이 아닌가? 결혼을 전제로 하지 않으면 연애할 수 없는가? 결혼을 하고 나면 우리 가족밖에 몰라야 하는가?

4. 당신의 연애는 무엇으로 이루어져 있는가?

지금 세상에는 연애와 결혼의 상관성에 대해 아주 다른 생각을 가진 사람들이 동시에 존재한다. 이처럼 생각이 다른 사람들이 만나 연애나 결혼을 하면서 어려움에 봉착한다. 이 어려움은 주변 사람들의 각기 다른 연애관에서 비롯된 충고와 간섭을 통해 더더욱 복잡해지기도 한다.

그런 복잡함과 혼돈 속에서도 역시 '대세'는 '낭만적 사랑'이라는 것. 거기에서 연애와 결혼의 비극이 기원한다. 수많은 개별 연애와 결혼 가운데 이 판타지에 부합하는 경우는 많지 않으며, 부합한다 해도 그것은 타자에 대한 배타성을 낳고 가족주의의 폐해를 양산한다. 그래도 '정답'은 그것이라고 믿고 늘 그것을 지향해야 한다는 압박이, 그러지 않으면 자신만 낙오자가 되거나 외톨이가 될 거라는 두려움이 우리를 고통스럽게 만든다. 그러나 우리는 나 자신이 행복해지기 위해, 또 애인을 비롯한 타인들까지도 행복해지게 하기 위해 연애를 희망하는 것 아닌가. 그러므로 지금 우리의 연애를 둘러싼 고통의 근원들을 다른 방식으로 이해하고 이를 통해 좀 더 자유롭고 성숙된 연애에 이를 필요가 있다.

그래서 《소문》 2호는 개별적인 성패의 문제나 운명론, 사적 넋두리의 차원을 넘어서서 연애를 공적인 담론으로 떠올리고, 이것을 사회·과학·정치·경제의 문제로 이해하며, 동시에 새로운 연애, 다른 사랑을 상상해 보려 한다.

이영아 // coolya112@naver.com

서울대학교 규장각 한국문화연구소의 선임연구원. 국문학을 전공했고 한국 개화기의 소설과 담론 연구로 박사 학위를 받았다. 특히 '몸'을 둘러싼 문화와 담론에 관심이 많아, 『육체의 탄생』이라는 책을 냈다. 서울대학교 기초교육원 강의교수로 3년간 재직했다. '몸', '문화', '근대', '소통', '대중'이라는 이 시대의 화두들을 가지고 공부와 글쓰기에 매진할 작정이다.

사랑과 연애의 진화심리학

전중환

사랑은

당장의 이득에 한눈팔지 않고

배우자에게 헌신하게 함으로써

배우자 결합을 오랫동안

유지하도록

자연 선택에 의해 설계된

인간의 보편적 감정이다.

친숙한 장면 하나에서 시작하자. 캠퍼스나 카페 어딘가에서 젊은 남녀가 무심히 엇갈린다. 서로로부터 멀어져 가는 두 사람 뒤로 누군가가 조용히 등장한다. 활과 화살을 손에 쥐고, 날개를 등에 달고, 기저귀만 한 장 걸친 장난꾸러기 사내아이. 이제 곧 큐피드가 쏜 화살을 맞고 그 남녀는 서로에게 첫눈에 반해 열정적인 사랑에 빠지리라. 마음 내키는 대로 아무에게나 화살을 쏘는 사랑의 전달자 큐피드 이야기는 흔히 사랑이 아무 이유 없이 모든 이들에게 갑자기

찾아옴을 뜻한다고 이해된다. 우리가 왜 누군가와 사랑에 빠지는지 물을 필요도 없다는 것이다. 하지만 우리가 왜 사랑에 빠지는가에 대한 과학적 해답은 위의 장면 안에 이미 들어 있을지도 모른다. 인간 종에서 사랑이 진화하게 된 배경은 무엇인지, 사랑은 어떤 진화적 기능을 수행하고자 자연 선택되었는지, 연애와 결혼의 진화적 의미는 무엇인지 진화심리학의 관점에서 살펴보자.

1. 아기의 무력함이 아빠의 투자를 끌어내다

인간은 지독히 머리가 큰 동물이다. 다른 영장류들에 견주어 볼 때, 인간의 두뇌는 몸 크기에 어울리는 부피보다 여섯 배나 더 크다. 왜 인간이 유독 높은 지능을 지니게 되었는가에 대해선 의견이 분분하다. 예컨대 수공작의 화려한 꼬리가 그랬듯이 인간의 두뇌 역시 배우자를 유혹하기 위한 '성기'로서 팽창했다는 가설, 사회 집단 내의 다른 사람들을 잘 다루고 조종하기 위해 팽창했다는 가설 등이 있다. 여기에선 진화적 관점으로 보면 우리는 모두 머리가 아주 큰 동물이라는 인식만으로도 충분할

성싶다. 인간의 독특한 특성이 한 가지 더 있다. 두뇌가 커지기 한참 전부터 두 발로 걸었다는 사실이다. 이 때문에 수백만 년 전 아프리카 초원에 살았던 우리의 아득한 조상 어머니들은 딜레마에 부딪혔다. 직립 보행을 하려면 골반이 좁아야 하므로 산도(産道)도 좁아질 수밖에 없었다. 하지만 낳아야 하는 아기의 머리는 사상 최대였다(!). 이러한 어려움으로 인해, 인간의 아기는 다른 영장류들의 아기보다 유별나게 미숙한 상태에서 태어나게끔 진화했다. 태어난 지 얼마 안 된 침팬지 아기는 엄마가 전혀 보듬어 주지 않아도 스스로 엄마에게 매달려 다닐 수 있다. 하지만 인간 아기는 태어난 지 여러 달이 지나도 혼자선 몸을 가누지 못하는 살덩이에 불과하다.

그러니 인간의 경우, 주위의 어른들이 희생을 치르면서 아이를 항상 먹여 주고 재워 주고 보호해 줘야 할 뿐만 아니라, 그렇게 기르는 기간 역시 다른 어떤 종들에 비교해 볼 때 더 길다. 2~3년 동안 아이에게 엄마 젖을 물려 준 다음에도 몇 년간 더 아이를 위한 이유식을 따로 마련해 줘야 한다. 그러고도 10년이 훨씬 더 지나서야 아이는 홀로 설 수 있다. 인류학자 멜빈 코너(Melvin Konner)가 인간은 "아이를 키우는 종"이라고 칭할 만하다.

아기의 대책 없는 무기력함 때문에 우리 종에서는 수컷도 자식 돌보기에 열성적으로 참여하는 별난 성향이 진화해 왔다. 부성애가 모성애보다 대개 옅긴 하지만, 부성애가 존재한다는 사실 자체가 유별나다는 것이다. 우리와 유전적으로 가장 가깝다는 침팬지나 보노보 수컷들에게 자식은 그저 생판 남남일 뿐이다. 마모셋이나 타마린같이 수컷도 자식 양육에 힘을 보태는 소수의 영장류들과 비교해도, 인간은 각기 자기 자식을 정성껏 키우는 여러 부부들이 모여 대규모의 사회 집단을 이룬다는 점에서 독보적이다. 포유동물을 통틀어 수컷도 자식을 돌보는 종은 전체의 5퍼센트에도 미치지 못한다.

아빠가 자녀 양육에 참여함으로써 아기의 건강, 따라서 생존율이 높아진다는 증거는 대단히 많다. 수렵-채집 생활을 영위하는 파라과이의 아체(Ache) 부족은 집단 간의 전투가 워낙 빈번하게 일어나서 아이 셋 중 평균 한 명이 살아남지 못할 정도로 사망률이 높은 부족이다. 이들을 연구한 진화 인류학자들은 아빠가 없이 엄마만 있는 집의 아이는 병사하거나 살해당할 확률이 양친이 있는 집의 아이보다 두 배 이상 높다고 보고했다. 현대 사회에서도 아빠 없이 홀어머니 밑에서 자란 아이는 훨씬 더 높은 사망률을 보인다. 이쯤 되면 지금이라도 휴대 전화를 꺼내서 아버지께 감사를 드려야 하지 않을까.

2. 왜 사랑에 빠지는가

한때 연예인 짝짓기 프로그램이 유행했다. 오늘 처음 만난 출연자들끼리 마지막으로 서로의 마음을 확인하는 시간. 어느 개그맨이 밑도 끝도 없이 외친다. "정말 사랑합니다!" 이쯤에서 웃음이 터져 나온다. 그의 사랑 고백이 감동을 주기커녕 웃음을 자아내는 이유는 뻔하다. 사랑은 그렇게 순식간에 쉽게 장담할 수 있는 것이 아니라 오랜 시간에 걸친 두 남녀의 협력과 신뢰에서 싹트는 것이기 때문이다.

이제 진화심리학의 렌즈로 사랑이라는 감정이 대체 왜 진화했는지 분석해 보자. 진화심리학자는 특정한 심리 기제가 아득한 과거의 환경하에서 어떻게 개체의 생존과 번식을 증진시켰는지, 즉 어떠한 적응적 문제를 꼭 짚어서 풀기 위한 해결책으로서 진화하였는지에 관심을 둔다.(글 마지막의 tip 참조) 아기가 매우 오랫동안 부모에게 전적으로 의존해야 비로소 성인이 될 수 있는 우리 종에서는, 남녀가 협력해 장기적인 짝짓기 관계를 지속하는 편이 더 유리했다. 아무나 붙잡고 뜨거운 성관계만 평생 하는 것보다 부부가 함께 자식을 키워 자식의 생존율을 크게 높이는 것이 번식의 측면에서 남녀 모두에게 이득이 되었다는 말이다.

이렇게 장기적으로 보면 배우자 간의 안정적인 결합이 남성과 여성 모두에게 유리하다 해도, 남녀 모두 상대를 슬쩍 배신하고 당장 눈앞의 이득을 거머쥐려는 유혹을 뿌리치기는 어렵다. 남편으로선 앞집 아줌마와 바람을 피워 자기 씨앗이 앞집 부부의 보살핌을 받으며 자라난다면 그보다 좋은 일은 없다. 아내로서도 옆집의 잘생긴 총각과 바람을 피워 낳은 자식이 어수룩한 현재 남편의 극진한 보살핌을 받는다면 그 역시 너무나 좋은 일이다. 그러나 이렇

게 둘 다 서로를 배신한다면, 결합은 깨지고 장기적으로 양쪽 모두 큰 손실을 보게 된다. 사랑은, 남녀가 상대를 저버려서 당장 얻을 수 있는 작은 이득에 흔들리지 않고 상대방에게 오랫동안 헌신함으로써 결국 번식상의 더 큰 이득을 얻게끔 자연 선택에 의해 만들어진 감정이다.

낭만적 사랑이 서구 문화의 고유한 산물이라는 믿음은 잘못된 것이다. 애틋한 감정이라곤 전혀 없이도 평생 배필을 택하는 문화가 존재한다는 통념은 근거가 없는 것으로 밝혀졌다. 사랑이 서양에서 유래한 감정이 아니라 모든 문화권에서 발견되는 인간 보편의 감정이라는 증거가 다수 존재한다. 민족지적 기록들을 취합한 한 연구에 의하면 166개 문화 가운데 147개 문화에서 낭만적 사랑이 보고되었으며, 나머지 문화권에서도 사랑의 부재가 명시되진 않았다. 전 세계 37개국 10,047명을 조사한 최근의 연구에서도 사랑은 보편적으로 존재함이 드러났다.

3. 사랑, 연애, 그리고 결혼

막 연애를 시작했을 때에는 사랑의 열렬한

감정이 온몸을 휘감는다. 생각과 행동들이 온통 오직 애인에게만 집중된다. 이 세상에 내 애인 한 사람밖에 존재하지 않는 것 같고, 내 사랑이 얼마나 깊고 진한지 입증하고 싶어 고민에 휩싸인다. 애인을 위해 정성껏 선물을 준비하는 과정 자체에서 터질 듯한 행복감을 느낀다.

앞에서 사랑은 배우자를 배신할 생각을 접어 두고 오직 한 사람에게만 지속적인 헌신을 하게 만듦으로써 장기적인 배우자 결합을 이루는 기능을 한다고 말했다. 양자 간의 일반적인 사회적 협력 관계에서는 특히 초기에 상대를 버리고 더 나은 대안으로 옮겨 가기가 쉽다는 점을 되새겨 보자. 학년 초 한 반에 새로 편성된 학생들을 보면, 첫 달 동안에는 둘이 꼭 붙어 다니다가 다음 달에는 본체만체하는 아이들이 꼭 있지 않던가. 애인을 배신하거나 배신당할 위험성을 효과적으로 낮추기 위해 사랑의 불길은 특히 연애 초기에 활활 타오른다.

연애 초창기에 나타나는, 오직 한 사람을 위한 열정적이고 맹목적인 사랑은 다른 사람에게 한눈을 팔지 못하게 만든다는 점에서 많은 과학자의 관심을 끌었다. 지금 만

나는 애인 못지않거나 심지어 더 좋을 수 있는 대안 후보들을 아예 쳐다보지도 않는 것은 언뜻 비합리적으로 여겨지기 때문이다. "돌아갈 퇴로를 스스로 끊는" 이러한 행동은 자신에게 다른 짝짓기 대안이란 존재치 않음을 공개적으로 선언함으로써 애인과 다른 잠재적인 경쟁자들에게 자신의 헌신 정도를 과시하는 신호이다.

진화경제학자 로버트 프랭크(Robert Frank)는 연애 시장을 집세 시장에 비유하여 설명한다. 집주인은 자기 집을 깨끗이 사용하고 집세도 꼬박꼬박 낼 최고의 세입자를 구하고 싶어 하지만 결국은 몇몇 만나 본 사람들 가운데 가장 나은 사람을 선택할 수밖에 없다. 세입자 역시 몇몇 둘러본 집들 가운데 가장 나은 집의 주인을 택할 수밖에 없다. 일단 세입자가 들어와서 살게 된 다음에는 어느 일방이 갑자기 계약을 파기할 경우 두 사람 모두 큰 손해를 보게 된다. "더 좋은 세입자를 구했어요. 오늘 당장 집을 비워 줘야겠어요."(집주인) "더 싸고 좋은 집을 찾았어요. 오늘 당장 보증금을 돌려주세요."(세입자) 장기적으로 둘 다 이득을 얻으려면 서로 양보를

하고 새로운 대안을 찾을 선택권을 자발적으로 포기하는 방법밖에 없다. 일방적으로 계약을 파기한 당사자가 큰 금전적 손해를 입게끔 규정한 임대 계약서가 바로 그것이다. 임대 계약서가 집주인과 세입자가 서로에게 헌신하게끔 하듯이, 연애 초기에 점화되는 맹목적인 사랑은 남성과 여성이 한눈파는 일 없이 서로에게 헌신하게 만든다.

서글프게도 (혹은 다행스럽게도) 사랑의 불길은 시간이 흐르면 잦아든다. 연애 초기의 '퇴로 불태우기'는 연애가 오래 지속되고 나면 '저들은 장수 커플'이라는 주변의 시선이나 법적 효력을 발휘하는 혼인 신고서의 형태로 바뀌어 두 남녀를 붙잡아 두는 부수적인 역할을 한다. 좀 더 시간이 지나 두 남녀의 유전자를 다음 세대로 전달해 줄 운반자인 아이가 태어난다면, 이제부터는 자식을 향한 부부의 공통적인 이해관계가 협력적인 짝짓기 관계를 유지하게 만든다. 처음의 뜨겁고 열정적인 사랑은 은근하고 담백한 동반자적 사랑으로 변한다. 동반자적 사랑은 호호백발 부부가 손을 꼭 여잡고 석양을 향해 함께 걸어가게 해 준다.

4. 사랑의 이면

연애를 해 본 사람들은 누구나 알고 있듯, 이른바 나의 반쪽이라는 사람은 나를 천국으로 끌어올리기도 하지만 지옥의 나락으로 빠뜨리기도 한다. 우리는 사랑이라는 장밋빛 행복에 휩싸여 벅차할 뿐만 아니라 질투와 분노에 온몸을 불태우기도 한다. 진화생물학자 리처드 도킨스(Richard Dawkins)가 말했듯이, "유전자를 공유할 확률이 50퍼센트나 되는 부모와 자식 사이에도 갈등이 존재하는데, 서로 피 한 방울 섞이지 않은 배우자 사이에는 그 갈등이 얼마나 더 극심하겠는가?"

남편과 아내는 각각의 유전자를 절반씩 지닌 자식을 잘 키워야 한다는 공통의 이해관계를 가지지만, 그 이해관계는 결코 완전히 겹치지 않는다. 둘 다, 외도를 통해 자신의 번식 성공도를 높일 수 있다면 배우자를 착취하는 일도 마다하지 않게끔 진화했다. 자신이 외도를 저지르려는 욕망, 그리고 배우자가 외도하는 것을 막기 위한 질투는 끊임없이 결혼 생활을 위태롭게 만든다. 사랑이 협력적인 부부 관계를 촉진하기 위한 엔진이라면, 질투는 부부 관계가 어느

한쪽의 지나친 욕심으로 말미암아 파국으로 치닫는 것을 막기 위한 경보기다.

질투가 사랑의 종말을 막지 못하면 비참한 결말이 남을 뿐이다. 사랑이 떠나 버리면, 특히 여전히 자신을 사랑하는 남성을 남겨 두고 여성이 새로운 사랑을 찾아 나서면 그 여성은 비방, 폭력, 스토킹, 심지어 살해까지 당할 위험에 놓이게 된다. 사랑이라는 감정에는 연인을 붙잡아 두려는 욕망뿐 아니라 연인이 다른 사람의 품에 안기지 않게끔 극단적인 조치까지 서슴없이 취하게 만드는 욕망까지 내재해 있다.

5. 맺음말

다른 영장류와 달리 인간의 아기는 무기력하기 짝이 없기 때문에 우리 종에서는 수컷도 자녀 돌보기에 적극 참여하게 되었다. 사랑은 당장의 이득에 한눈팔지 않고 배우자에게 헌신하게 함으로써 배우자 결합을 오랫동안 유지하도록 자연 선택에 의해 설계된 인간의 보편적 감정이다. 그리고 남녀의 만남이 연애와 결혼으로 이어지면서 열정적인 사랑은 동반자적인 사랑으로 변모한다. 이 결혼 생활은 사랑과 질투라는 두 상반되는 감정에 의해 유지된다.

마지막으로 진화 이론을 토대로 인간 행동을 설명할 때 흔히 접하는 오해 한 가지를 짚어 보자. 인간 본성에 대한 진화적 설명이 악한 행동을 저지른 사람에게 그에 합당한 책임을 묻지 못하게 하리라는 두려움이 바로 그것이다. 흔히들 진화 이론에 기대서, 낭만적 사랑과 가족에 대한 애착이 결과적으로 사람들을 프티 부르주아적 삶에 안주하게 하여 사회의 불의에 눈감게 만들지라도 어쩔 수 없다. 그들은 유전자의 명령에 따랐을 뿐이니까, 라는 식의 오해를 하곤 한다. 결정론을 둘러싼 이러한 오해는 근본적으로 설명과 정당화를 혼동하기 때문에 비롯된다. 어떤 행동의 원인에 대한 설명과 그 행동에 대한 도덕적 정당화는 전혀 별개의 문제이다. 이 둘이 같다면, 어린 시절의 가정 환경이나 부모의 역할을 강조하는 기존의 환경 결정론적 설명도 범죄자에게 면죄부를 발부하는 이데올로기로 비난 받아 마땅하다.

연애의 진화심리학은 결코 모든 사람들이 이성과 사랑해서 결혼을 하고 가족을 꾸려야 한다고 주장하지 않는다. 다만 이성에 대해 품는 낭만적 사랑, 수상한 낌새를 보이는 애인에 대한 질투, 아기에 대한 지대한 관심 등등 수백만 년 전 조상의 생존과 번식에 도움이 되었던 심리 기제를 현대인들이 여전히 마음속에 지니고 다닌다고 주장할 뿐이다. 그렇더라도 다른 많은 심리 기제들의 작동에 의해서 어떤 이들은 자발적으로 평생 사랑을 하지 않거나 독신으로 지낼 수도 있다. 당신의 유전자는 결코 무조건 번식하라고 당신의 머리채를 흔들지 않는다. 저명한 진화심리학자 스티븐 핑커(Steven Pinker)는 결혼은 했지만 자식은 낳지 않고 살고 있다.

tip: 진화심리학이란 무엇인가

갈퀴 달린 발로 유유히 헤엄치는 물오리, 때맞춰 봄소식을 알려 주는 노란 개나리, 초음파로 먹이를 탐지하는 박쥐 등등 자연은 너무나 복잡하고 효율적이어서 뭔가 설명이 필요할 것 같은 생물학적 적응들로 가득 차 있다. 다윈이 주창한 자연 선택(natural selection)에 의한 진화 이론은 적응을 설명하는 유일무이한 과학적 설명으로 오늘날 확고한 위치를 차지하고 있다. 복잡하고 효율적인 적응은 자신의 복제본을 더 잘 전파하는 성질을 지닌 유전자가 오랜 세월에 걸쳐 누적적으로 선택된 결과 생겨났다. 예컨대 봄에 딱 맞춰서 꽃을 피우게 하는 유전자가 겨울이 끝나기도 전에 꽃을 피우는 성미 급한 유전자를 제치고 선택되었을 거라는 얘기다. 오늘날 우리가 보는 여러 복잡한 특질들은 개화 시기를 맞추는 일 같이 진화적으로 중요했던 갖가지 문제들을 풀기 위해 정교하게 진화한 해결책이다.

진화심리학은 이러한 적응주의적 접근으로써 인간의 마음을 이해하고자 한다. 아득한 옛날 우리의 진화적 조상 때부터 인간은 배우자 선택, 근친 상간 회피, 포식자 방어, 음식 선택, 주거지 선택, 가족 내 갈등, 자녀 양육 등등 수없이 많은 다양한 문제들을 해결해야 했으므로, 그 결과 우리의 마음은 이러한 구체적인 문제들을 하나 하나 해결하게끔 설계된 수많은 심리 기제들(psychological mechanisms)의 집합이 되었다. 진화심리학은 각각의 심리 기제가 어떤 목적을 수행하기 위해 설계되었는지 그 진화적 기능을 이해하고자 하는 학문이다.

전중환 // evopsy@gmail.com

진화심리학자. 경희대학교 학부대학 교수. 유전자를 공유한 친족 간에 벌어지는 갈등과 협동의 진화를 연구하고 있다. 옮긴 책으로 『욕망의 진화』가 있다.

연애 앤드 더 시티의 비밀과 거짓말

김신현경

'희생'이 아닌,

상호 전념과 애정의 원리가

바탕이 되는 친밀한 관계의

가능성을 그려 보고

이러한 관계가 가능하기 위한

기반과 언어, 이미지를

구체화해 보는 것은 어떨까?

1. '연애 프로젝트' 세대의 '낭만적 사랑'

나는 우석훈이 『88만원 세대』에서 분석한 386세대와 지금의 20대 사이에 낀 세대—'X 세대' 혹은 '신세대'—에 속하는데, 이 세대에 대한 그의 분석에 공감하는 편이다. 그에 따르면 이 세대는 1990년대 초중반에 20대 초반을 보낸 세대로서 한국의 다양성 1세대가 될 가능성이 높았지만, IMF 위기라는 직격탄을 맞고 획일성으로 복귀하고 말았다는 것이다. 1990년대 초중반, 학생 운동에 대한 다양한 문제 제기, 대학가를 풍미했던 신세대 담론과 문화적 실험들, 급진적 여성 운동 조직의 활동들을 돌이켜 생각해 보면 우리 세대의 '닫혀진'

가능성이 안타깝게 느껴지면서 동시에 어떻게 이를 다시 열 수 있을까 고민하게 된다. 사실 이 세대가 몸으로 체득하고 발언했던 문화적 다양성과 '사적 영역의 문제화'라는, 진보의 또 한편에서의 문제 설정은, 이제는 서른이 넘은 이 세대 문화 생산자들에 의해 문화적 재현물의 형태로 유통되고 있기는 하다. 특히 관계와 친밀성에 대한 여성들의 욕망과 상상을 기초로 영화와 드라마 등의 문화 재현물이 적지 않게 만들어지고 있다. 그러나 이처럼 '문화 혁명'의 가능성을 배태하고 있는 문제 설정이, 일상과 접점을 만들면서 새로운 실천의 양식을 만들어 내는 정치화를 이루지 못한 채, 다양성 또한 자본의 이윤 동기로 만들어 버리는 신자유주의의 거대한 흐름에 동참하고 있다고 본다면, 과대망상인 것일까? 요즈음 이 세대 여성 문화 생산자들이 만드는 영화와 드라마, 소설에는 일에 열심이고 욕망에 솔직한 여성들이 반드시, 라고 할 만큼 빈번하게 등장한다. 그러나 그녀들의 '사생활의 혁명'은, '다른 방식의 사생활'을 자기만의 방 안에서 돈을 주고 추구하는 데에는 아무런 방해도 하지 않는 신자유주의 시장 안에서 길을 잃은 것처럼 보인다. 이즈음 등장하고 있는 사랑/연애-결혼이라는 연결 고리의 약화와 '연애의 민주화'라고 일컬을 만한, 연애에 대한 국민적인 관심에서 이 질문의 답에 대한 단서를 다시 한 번 찾아보도록 하자.

요즘엔 단 한 번의 연애가 결혼으로 이어지는 경우는 점점 찾아보기 힘들어지고 있으며, 연애는 결혼으로 가는 '자연스러운' 과정이 아니라 그 관계만을 위한 계획과 실행, 그리고 이를 실천으로 옮길 의식적인 에너지가 필요한 일종의 '프로젝트'가 되고 있다. 데이트 상대를 찾는 인터넷 사이트가 성황을 이루고, 개인이 직접 자신의 정보와 원하는 이상형을 인터넷에 공개해 데이트 상대를 찾을 수도 있으며, 인터넷 채팅을 통해 데이트나 하룻밤 성관계를 가질 상대를 찾는 것도 어렵지 않게 되었다. 결혼 시장뿐 아니라 연애 시장까지 형성된 것인데, 이는 '연애의 상품화' 현상과 맥을 같이한다. 요즘은 연애 관계가 선물 즉 상품의 형태로 진전된다고 해도 과언이 아니다. 기념일을 꼬박꼬박 챙겨 가며 선물을 주고, 비싸고 분위기 좋은 곳에서 데이트를 하는 것이 애정

표현의 중요한 수단이 되었다.

나는 이러한 현상을 두고 '연애 프로젝트' 현상이라 명명한 바 있는데, 그렇다면 연애를 프로젝트화해서 기획, 관리, 통제하는 것이 일상화된 세대를 '연애 프로젝트 세대'라고 명명할 수도 있겠다. 여성학자 이박혜경은 이들에게서 '연애에 대한 쿨한 태도'와 '성적 쾌락에 대한 적극적 태도'가 동시에 관찰된다는 재미있는 분석을 했는데, 첫 번째, '쿨한 태도'는 근대 낭만적 사랑의 에토스인 비장함과 대비되는 현대의 냉정의 에토스에서 비롯된다고 보았다. 더욱 역설적인 것은 이 냉정의 에토스가 연애 중독을 낳고 있다는 것이다. 연애와 이별의 가능성이 커졌기 때문에 연애 관계 내에서는 냉정한 태도를 유지하지만, 한편으로는 일생을 두고 연애의 가능성을 찾아 헤맨다는 것이다. (이박혜경, 「연애 시대에 대한 성찰」, 『여성학』) 아닌 게 아니라 예전에는 젊음의 한 시기에만 누릴 것이 기대되었던 연애가 이제는 남녀노소 더 나아가 결혼 여부에도 상관없이 추구되고 있다.

두 번째로, 결혼 전 성관계는 '연애 프로젝트' 세대에게 더 이상 금기가 아니다. 성은

상품을 통한 선물 교환과 더불어 현재의 관계가 두 당사자에게 의미하는 정도를 가리키는 일종의 이벤트의 방식으로서 연애 프로젝트의 한 단계가 되었다. 그리하여 성 경험은 여성들에게도 결혼 전 해서는 안 될 일을 했다는 죄책감의 맥락에서 그 경험이 자신에게 좋았는가, 별로였는가를 묻는 수치심의 맥락으로 이동했다. 바야흐로 성을 통해 자아에 대한 지식을 획득하고 자신이 원하는 자아를 규정하고 훈련하는 상황이 열린 것이다!

결론은 이 세대를 재현하고 있는 대표적인 작가인 정이현의 작품에 등장하는 인물들의 일상, 감정, 관계가 소설 속 일만은 아니라는 것이다. 사회적 운명에 수동적이지도 저항적이지도 않은 여성/인간들. 사회적으로 관습화된 여성의 이미지를 목표 성취를 위한 주요한 전략으로 삼는 여성/인간들의 등장. 그래서 그녀들은 자유롭고 쿨한 성생활과 소비 문화를 즐기지만 동시에 여성으로서의 삶 속에 계급적 기반을 유지하기 위해 설정되어 있는 결혼-가족의 성립을 기를 쓰고 받아들일 뿐 아니라 적극적으로 더 좋은 조건의 남성을 찾는 것에 별 분열

을 느끼지 않는다. 이제는 여성도 자신의 사랑을 '적극적으로' 찾아야 한다고 말하면서 일찍부터 연애와 결혼을 기획, 관리할 것을 캐치 프레이즈로 내세우는 결혼 정보 회사들의 광고는, 이러한 소설적 상황에 너무도 부합하는 현실이 아닌가?

2. 386세대와 사랑/연애-결혼-가족

이 모든 문제의 책임을 어느 한 세대에게로 돌리는 것은 부당한 일일 것이다. 그럼에도 내가 여기서 386세대를 거론하는 것은, 연애와 결혼, 가족을 둘러싼 작금의 상황이 그들이 주도한 한국 사회 민주화의 문제 설정과 관련이 있다고 보기 때문이다. 어느 날 나는 한 다큐멘터리를 보다가 그 프로그램의 원래 기획 의도와는 관련이 없을 듯하지만 신경 쓰지 않을 수 없는 이상스러운 점을 발견했다. 그 프로그램은 386세대가 주축이 되어 펼쳤던 진보 정당 운동에 관한 것이었는데, 거기 나온 386세대의 여성들이 모두 전업 주부이거나 학원 강사 등 사교육 관련 직업 종사자라는 사실이었다. 이는 같은 세대 남성들의 소위 '번듯한' 직업들과 대비되는 것이었다.

현실이야 어떻든, 가장은 남성이며 그렇기에 가족을 먹여 살릴 수 있는 정도의 벌이가 나오는 직업은 우선 남성의 몫이라는 가장 이데올로기와 가족 임금제의 신화가 386세대라고 해서 적용되지 않는 것은 아니겠지만, 그래도 그들 세대가 주장하고 이루어 낸 진보적 문제 설정을 생각해 볼 때 이는 가볍게 넘길 만한 것이 아니다. 오히려 이는 386세대의 진보가 자리 잡고 있는 바탕을 꼼꼼이 살펴보아야 할 문제일 것이다. 사실 이 문제는 진작에 많은 여성 논자들이 제기해 왔다. 386세대 여성 소설가들, 예컨대 공지영과 김형경은 성별에 관계없이 동지이자 인간이라고 느꼈던 그들 세대의 집단적 경험에서 어떻게 자신들이 '여성'임을 알게 되었는지를 구체적으로 재현한다. 성고문 피해자에서 페미니스트 지식인으로 돌아온 권인숙은 자신이 속해 있던 그 시절을 여성 활동가들과 함께 더듬으며, 운동 주체들이 내재화하고 있던 군사주의적 문화, 권위적 위계 질서를 문제 삼았다.(권인숙, 「진보, 권위 그리고 성 차별」, 『우리 안의 파시즘』) 또한 1990년대 중반 이후, 상품성 있는 정치인으로 집단화된 '386세대'

에 여성은 없다는 얘기도 많이 떠돌았다. 문제는 386세대 일부 남성들이 정치인으로 뜨고, 여성들은 못 뜨고가 아니라, 이들의 진보적 문제 설정에 성별 관계와 이것이 첨예하게 부딪히는 일상 즉 소위 '사생활'은 철저하게 빠져 있다는 데 있다. 그래서 사실 일부 논자들이 한국의 386세대를 서구의 68세대에 비추어 분석하는 것은 그다지 맞지 않아 보인다.

1960~1970년대 당시의 전 세계적인 학생 저항 문화는 한국 사회에도 영향을 미쳤지만, 한국에서는 그 문화가 서구에서와는 다른 방향으로 발전했다. 비교적 안정된 사회 체제를 구가하던 서구에서 학생 저항 문화는 부모 세대의 '중간 계급'적 가치관으로 대변되는, 사회의 모든 것에 대한 거부인 '문화 혁명'적 성격을 띠었다. 이는 아시아에서 유일하게 서구와 비슷한 정도의 사회 체제를 구가하고 있던 일본의 학생 운동 성격 또한 비슷했다는 점에서 설득력을 가진다.

1960~1970년대 학생 저항 문화 및 인권 운동과 함께 등장한 서구의 제2물결 페미니즘과 일본의 우먼 리브 운동은 남녀 간의 사랑을 명시적인 성별 권력 관계로 문

제화하면서 이성 간의 사랑을 보다 구조적인 차원의 이데올로기로 설명했다.(결혼과 가족이 여성의 유일한 영역이 되면서 노동을 통해 사회적 자원과 자아 정체성을 획득하기 어려워진 여성은 남성을 통해 이 모든 것을 획득하고자 한다. 이에 따라 여성들은 경제적인 보상을 해줄 수 있는 남자를 '낚는' 능력만을 발달시키게 된다. 이러한 내면화와 자발적 통제의 과정을 거쳐 여성은 불평등한 결혼과 가족 구조를 '사랑'으로 정당화하면서 수용하게 된다.) 이러한 분석과 문제의식을 수용하면서 서구와 일본에서는 자유로운 연애와 혼전 동거를 실험하고 나아가 이성애 중심의 결혼과 가족 제도가 어떻게 다른 성들을 문제적인 것으로 만드는가의 질문을 던지며 성적 소수자들의 정치학 또한 발전하게 되었다.

그러나 한국의 386세대가 당면한 정치적 상황은 알다시피 이와는 판이하게 다른 것이었다.(홉스봄에 따르면, 군사 쿠데타나 국내 무장 투쟁 등으로 정치적, 사회적 불안정의 시기를 통과하고 있던 제3세계에서는 학생 운동이 보다 직접적으로 정치적 권력에 저항하는 게릴라 투쟁의 성격을 띠게 된다. 에릭 홉스봄, 『극단의 시대—20세기 역사』) 사적 영역의 민주화에 대

한 이들의 상상력은, 동지로서의 평등한 연애를 지향하되 성별 분업은 문제 삼지 않는 것이었고 따라서 결혼과 가족 구성에 있어서 투사로서의 남성 가장과 이를 헌신적으로 내조하는 여성 아내 사이의 평등한(?) 부부 관계라는, 가부장적 변형 이상을 넘어서지 못했다. 지난 10년간과 이즈음의 상황을 386세대 여성들의 삶의 궤적에 대입해써 보면, 그 시기는 '민주 투사의 부인들'이 '국회의원의 부인들'이나 '옛 민주 투사의 부인들', 그도 저도 아니면 '민주 투사와 이혼한 부인들'이 되는 과정이 아니었을까? 이는 진보에 대한 386세대의 문제 설정이 공적 영역에 한정되었다는 평가 이상의 문제를 낳는데, 공적/사적 영역은 분리되어 존재하는 개별 영역이 아니다. 사생활의 민주화에 대한 로드맵이 없는 진보의 기획은 공적 영역의 민주화에서도 한계를 가질 수밖에 없다. 적어도 내가 관찰해 본 바로는 386세대의 민주화 기획에서 여성의 성과 남성의 자원이 교환됨으로써 계급 세습의 기반을 이루는 가족 구조와 이를 이루기 위해 사랑/연애-결혼-가족이 일치해야 한다는 이데올로기는 그다지 중요하게 다

루어지지 않았다. 그 결과는? 생각으로는 아무리 저항하려 해도, 내 아이(만)를 위한 사교육, 이와 연관된 부동산 문제에서 자유롭기란 쉽지가 않다. 그리하여 가족의 위기가 거론되고, 해체되고 있다고 말들은 하지만, 한편으로 조금만 삐끗하면 아래 계급으로 추락할지도 모른다는 불안감 속에서 가족의 경제적 전략은 더욱 치밀해지고 있다. 소위 '기러기 가족' 현상은 로컬 가족의 계급적 하락을 피하고 생존하기 위해 가족이 글로벌하게 떨어져 살면서 교통/통신 수단을 통해 가족애를 확인하는, 아주 절묘한 전략을 보여 준다. 이제 연애는 어디에서도 의미를 찾기 어려운 '나'의 존재감을 확인하는 종교이면서 동시에 상품의 소비 과정이 되었고, 결혼은 더욱 노골적이고도 치밀한 자원 교환의 장이 되었으며, 가족은 이렇게 교환된 자원의 효과를 극대화하기 위한 경제적 단위가 되어 가고 있다.

3. '연애의 목적'은 무엇인가

한국 사회에서 이러한 문제를 풀기 위한 이론적 논의가 본격적으로 이루어지지 않는 가운데, 앞서도 언급한 여성 문화 생산

자들은 자신의 경험에 대한 해석과 새로운 인물형의 재현을 통해 이에 개입하고 있다. 공지영과 김형경이 386세대의 경험을 통해 사랑과 연애, 결혼과 가족의 문제를 풀려고 하고, 배수아와 정이현이 소비 자본주의 '연애 프로젝트' 세대가 어떻게 그것을 욕망하는지를 관찰함으로써 새로운 인물형을 창조하고 있는 것이 그 좋은 예이다. 모두 의미 있는 시도임에는 틀림없다. 그러나 친밀성의 원리를 바탕으로 한 전면적인 사회 재구성에 영감을 주는 언어를 찾기 위해 나는 다른 텍스트들을 참조하고 싶다. 그 첫 번째 텍스트는 '운동사회 성폭력 뿌리 뽑기 100인 위원회' 사건에서 성폭력과 연애의 구분이 모호했던 몇몇 사례들과 겹쳐지는 영화 「연애의 목적」이다. 이 영화에서 성관계에만 관심이 있는 남자의 성행동은 성폭력과 거의 구분되지 않는다. 여자의 사연을 알게 된 남자가 사랑을 느끼게 되고 여자 또한 남자의 사랑을 받아들여 연애를 하지만 두 사람의 관계를 알게 된 학교 사회가 여자의 행실만을 문제 삼고 두 사람의 관계를 없었던 것으로 봉합하자, 여자는 남자의 행동을 성폭력으로 몰아 선생

으로서의 남자의 지위를 박탈한다. 이 영화에서는 남자가 학원 강사로 전락한 뒤 즉 그의 권력이 해체된 뒤, 여자가 그에게 사랑을 느끼고 두 사람이 새로운 친밀 관계를 맺을 수 있음을 보여 준다. 그녀는 그와 맺은 친밀한 관계와 사랑에도 불구하고, 그 이전에 성관계에만 관심이 있었던 남자의 태도를 정의하기 위해 사법적으로 규정된 '성폭력'이라는 언어를 사용해야만 그 피해를 사회적으로 인정받을 수 있었다. 친밀한 관계에서의 문제적인 성 경험을 재현하는 데 있어 사회적으로 여성이 사용할 수 있는 언어가 사법적인 언어뿐이라는 것은, 역으로 이 문제가 얼마나 사회적으로 재현 불가능한가(그리하여 사회적으로 이해받지 못하고 있는가)를 드러낸다. 그렇다면 더 물어야 할 것은 사법적으로 정의된 '성폭력'을 통해, 성(sexuality)이 남녀를 규정하는 혹은 남녀가 성을 통해 규정되는 방식에 얼마만큼의 변화가 있었는지일 터이다.

아마도 우리 세대의 한계는 바로 이 물음을 폭넓게 확장하지 못함으로써 친밀한 관계에서 발생하는 성폭력적 상황과 행위, 그에 연루되어 있는 여성/남성의 욕망과 관

계의 문제, 결코 자신을 포기하지 않지만 동시에 관계의 윤리를 재사고할 가능성을 열어 놓는 주체를 재현하지 못 하고 있는 지점이 아닐까? 물론 젊은 페미니스트들의 사이트 '언니네'에 올라온 글을 모은 『언니네 방』과 같은 책에는 이러한 문제의식이 가득하지만, 이를 보다 폭넓은 사회 문제로 언어화하는 것이 필요한 시점이다. 진보의 확장으로서, 친밀성의 원리가 바탕이 된 전면적인 사회 재구성의 원리를 짜야 할 시기는 바로 지금이기 때문이다.

두 번째 텍스트는 2007년 말 당사자들에게는 큰 문제가 되었지만 대선 정국에서는 별 이슈가 되지 못한 소위 '차별금지법' 사태이다. 이를 간단히 요약하자면 이렇다. 국가인권위원회가 제안했던 20개 차별 금지 조항이, 어떤 토론이나 합의의 과정도 없이 7개 조항이 삭제된 채 법무부에서 법제처로 넘어가더니 결국 국무 회의를 통과했다. 그러나 의회선교연합을 위시한 일부 기독교계는 자신들은 다른 사유는 상관없고 '성 정체성' 조항만은 반드시 삭제해야 한다는 입장임을 거듭 천명했다. 한편 공익 변호사그룹 공감, 한국성폭력상담소, 인권

운동사랑방 등 인권 시민 단체들은 '차별 금지법의 올바른 제정을 위한 반차별 공동 행동'을 결성해 대안적인 차별금지법안을 준비하였으나 끝내 통과되지 못했다.

사태는 성적 소수자들의 반발과 정치적 행동으로 인해 쟁점화되면서 성적 소수자 대 기독교인의 대결 구도로 좁게 이해되었지만 과연 이렇게만 이해할 수 있는 문제일까? 빠진 7개 조항은 '학력, 가족 형태 및 가족 상황, 병력, 출신 국가, 언어, 성적 지향, 범죄 및 보호 처분의 전력'인데 이 중에서 특히 '가족 형태 및 가족 상황'과 '성적 지향'이 차별받아도 괜찮은 것이 된 상황은 누군가를 사랑할 권리, 친밀한 관계를 맺을 수 있는 권리가 소위 '프라이버시권'이라는 말이 무색하게 공적인 이슈임을 보여 준다. 또한 이 조항들과 다른 삭제 조항들과의 관계, 삭제되지 않은 조항들과의 관계를 생각해 보면, 지금의 상황에서 훼손된 차별금지법안은 7개 조항의 차별 조건을 어떤 식으로든 가질 수밖에 없는 존재들의 삶에 사회적으로 괄호를 쳐 버리는 것에 다름 아니다. 그것은 그러한 개별 존재들이 그저 법의 승인과 사회적 의미를 고민하지

않고, 시끄럽게 떠들지 말고, 그냥 살아가면 되는 문제가 아니다. 차별의 조건들은 당사자들의 몸에 필연적으로 부착된 것이 아니라 사회적인 관계 속에서 의미를 갖는다. 학력이 낮은 자가 받는 차별은 학력이 높은 자와의 관계 속에서 정당화된다. 가족 형태 및 가족 상황이 소위 정상적이지 않은 자들이 받는 차별도 소위 정상적인 가족 형태 및 가족 상황에 있는 자와의 관계 속에서 정당화되는 것이다. 친밀성은 이처럼 관계에서의 힘들이 어떻게 작동하는가를 끊임없이 질문해야 하는 정치적인 주제이다. 이러한 측면을 간과한다면, 우리가 바라는 친밀한 관계를 상상하는 것은 어렵다.

어떤 면에서 사랑/연애에서의 쿨한 태도와 성적 쾌락의 추구라는 역설적 상황은 어쩔 수 없는 현대인의 실존적 상태라기보다는 현대의 노동 중심적 사회의 명령일 가능성이 높다. 자본의 명령에 따라 어디든 이동할 수 있어야 하는 자유로운 개인 노동자가 장기간의 헌신을 필요로 하는 정서적 관계에 매인다면 비용이 들게 마련이다. 그보다는 이윤을 쫓아 이동하면서 그때그때 필요한 쾌락을 쿨하게 추구하는 태도가 더

바람직한 노동자의 윤리로 여겨질 만하다. 그러나 이것이 과연 우리가 하고 싶은 연애인가? 이성애와 동성애를 통틀어 친밀한 관계를 어떻게 맺을 것인가, 라는 질문을 통해 우리가 살고 싶은 사회를 전면적으로 새롭게 상상해 볼 필요가 있지 않을까? 친밀한 관계란 개인들 간의 일로만 여겨지기 쉽지만, 그 개인들은 사회로부터 전적으로 자유로운 존재들이 아니다. 친밀성의 원리, 사랑한다는 것, 관계를 맺는다는 것이 보살핌의 상호 소통을 필요로 한다고 하면, 이것이 특정 성별이나 계급에 강요되지 않고 우리 모두가 하는 것이 되기 위해서 사회 조직을 어떻게 재조직해야 할 것인가? 한쪽이 일방적으로 자신을 포기해야 한다는 의미의 '희생'이 아닌, 상호 전념과 애정의 원리가 바탕이 되는 친밀한 관계의 가능성을 그려 보고 이러한 관계가 가능하기 위한 기반과 언어, 이미지를 구체화해 보는 것은 어떨까? 그리고 바로 이것이야말로 '연애의 목적'인 것은 아닐까.

김신현경 // todamo@hanmail.net

대학에서 여성 운동을 했고, 석사 논문으로 여자 대학생들의 연애 경험에 관해 썼다. 이화여대 여성학과 박사 과정을 수료했고, 사랑/연애, 결혼, 가족에 관한 문제의식을 과거의 시공간에서 어떻게 풀 수 있을지 고민 중이다. 서울시립대, 성신여대 등에서 가르쳤고, 지은 책으로 『나는 페미니스트다』(공저), 『섹슈얼리티 강의, 두 번째 이야기』(공저), 옮긴 책으로 『성평등과 보편주의의 위기—'남녀동수' 운동의 정치학』(공역)이 있다.

21

한국인의 연애에 대한 열 가지 질문

우석훈

Economy

1. 들어가는 말

이 글에서 나는 도덕적 재단은 물론이고, 선악에 대한 어떠한 판단도 할 생각이 전혀 없음을 독자 여러분에게 알려 드린다. 지금까지 내가 쓴 글들은 독자들에게 행위를 요구하거나, 아니면 생각을 요구하거나, 아니면 독자들을 필요 이상으로 부끄럽게 해서 여론의 흐름의 아주 일부라도 바꾸어 보겠다는 목적을 가지고 쓴 글들이었다. 그러나 최소한 연애에 관한 이 글에서는, 어떠한 행동도, 또 어떠한 생각의 전환도 요구할 생각이 없다. 모든 글은, 그런 면에서 정치적이고, 모든 경제학은 정치경제학(political economics)이라는, 내 평소의

믿음도 지금 이 순간만큼은 접어 둘까 한다. 나는 연애를 칭송할 어떠한 의도도 없으며, 그렇다고 연애에 대해서 재단할 어떠한 생각도 가지고 있지 않다.

마르크스는 자본론에서 교환가치에 대한 설명을 하기 전에 이것의 원천이 되는 사용가치에 대해서 단 한 문장으로 요약해 이것을 경제적 분석의 바깥으로 밀어내 버렸다.

"흥미롭기는 하지만, 이러한 분석은 심리학이나 인류학의 대상이고, 경제학자가 할 것은 아니다."

물론 나는 마르크스가 말한 '본질에 관한 것'만을 분석하는 사람은 아니고, 때로는 표피적인 현상처럼 보이다가도 때로는 수요 자체를 형성하기도 하는 문화적 흐름 혹은 사회적 흐름 역시 분석해 보는 사람이다. 그러나 확실한 것은, "가족만이 살 길이다."라는 가족 제일주의를 주장하고 싶지도 않고, 그렇다고 노무현 시대의 거의 극우 민족주의적 발상에 가까운 정책, "아이를 더 많이 낳아야 한다."라는 돈 주앙 같은 정책들을 제시하고 싶지도 않다는 것이다. 그러나 분명히 개개인의 삶 속에서 연애의

양상은 물론 결혼이나 섹스의 위치가 최근 미묘하게나마 변하고 있는 것은 사실인데, 그중 어떤 것들은 전형적인 경제학으로 설명이 되지만, 어떤 것은 잘 설명이 되지 않는다. 가장 최근의 연구로는 조세연구원의 우석진 연구원이 한국 노동 패널 중 1,773명의 자료를 토대로, 한국에서 여성이 결혼하는 것은 기회비용 1억 4천만 원을 잃는 것이라는 결과를 낸 분석이 있기는 하다. 실증적 연구인데, 이 연구 결과대로라면 한국 여성들이 결혼을 하는 것은 결국 결혼에 1억 4천만 원보다 나은 또 다른 경제적 가치가 있기 때문이거나, 아니면 적어도 그 금액을 상회하는 정도의 사회문화적인 압력이 있기 때문이라고 말할 수 있다. 물론 나는 개인적으로, 상당수의 어머니들이 딸에게 "결혼하지 않으면 다시는 안 보겠다."라며 가하는 압력이 이 정도 손해를 상쇄할 만큼 클 것이라고 생각하는 편이다. 모든 경제 행위가 비용과 이익만으로 설명되는 것은 아니다. 연애의 경우가 특히 그렇다.

결론이 없을 것이 뻔한 이 글은, 내 맘대로 생각해 본 '최근 한국의 연애와 결혼을 둘러싼 열 개의 질문'이다. 나도 내 맘대로 답을 해 볼 테니까, 여러분들도 여러분 뜻 가는 대로 답을 해 보시기 바란다. 이런 논리 훈련을 통해 내가 기대하는 것은, 사실 없다. 그러나 은밀한 곳에서 오가는 얘기들을 자꾸 공론의 장으로 올리다 보면, 최소한 사회과학이 재밌어지기는 할 것 아닌가.

2. 10개의 질문들

1) 신정아와 변양균의 연애는 경제학적으로 '정의'로운 것인가?

최근 몇 년 사이 한국 사회를 흔든 최대의 연애 사건은 신정아와 변양균의 연애라고 해도 이상하지 않을 것이다. 나중에 기회가 닿는다면 이 사건의 잘못된 부분에 대해서 조금 더 시간을 들여서 써 보고 싶기는 하지만, 그건 다음 기회로 미루자. 나와는 전혀 상관이 없을 줄 알았던 이 사건이 나중에 알고 보니 내 삶에 상당한 영향을 미쳤고, 또 적지 않은 금전적 손해를 끼쳤다. 변양균이 당시 청와대에서 하고 있던 일이 나와 아주 무관하지 않았기 때문에 생겨난 일이다. 좀 더 크게 말하자면, 이 사건으로 우리는 모두 손해를 봤다. 왜냐하면 당시 변양균이 맡고 있던 일 중 최소한 하나라

도 잘되었더라면, 국민의 90퍼센트 이상이 장기적으로 조금이라도 이익을 보았을 것이기 때문이다.

경제학에서 말하는 정의(正義)의 가장 고전적 정의(定義)는 아리스토텔레스의 『니코마코스 윤리학』에 나오는 '정당한 교환(just exchange)' 개념에서 나온다. 교환이란 무엇인가를 서로 주고 받는 것을 말하는데, 이때 당사자가 "이건 잘못된 거래이다." 혹은 "속았다."라며 다시 물러 달라고 하는 일이 없을 때, 이를 정당하다고 보고, 이런 상태를 '정의로운 교환'이라고 부른다. 이 의미를 보자면, 이 두 사람의 연애는 정의로운 거래였다. 물론 사회적으로 정의로운 것인지는 모르겠지만, 적어도 두 사람 사이에서는 정의롭다. 나중에 훨씬 더 시간이 지나고 나서 두 사람이 어떻게 생각할지 몰라도, 적어도 현재까지는 서로 "속았다." 혹은 "잘못 생각했다."고 하지는 않고 있다. 최소한 이런 관점에서, 이 연애는 정당한 거래였고, 정의로운 거래였다. 이 두 사람의 연애 사건에 대해서 "부당하다."고 얘기할 수 있는 권리는, 법적으로는 변양균 실장의 부인에게만 있는 듯한데, 최소

한 그녀는 청와대에서 영부인과의 오찬 이후 "힐러리와 같이……."라고 말하면서 모든 문제를 덮어 버렸다. 이 건에 대해 학력 위조, 부당 지원, 혹은 기타 혐의를 두고 사회적으로 '부당하다'고 할 수는 있지만, 연애에 대해서도 정의롭지 않다고 할 근거가 있을까? 최소한 경제학에서는 그렇게 말하기 어려울 것 같다.

2) 매 맞는 부인과 매 맞는 애인의 차이

대략 10퍼센트 정도의 아내들이 맞으면서 살고 있다고 한다. 20년 전까지는 남자 친구한테 맞고 사는 여성도 가끔 있던 걸로 알고 있는데, 이제 그런 일은 많이 줄어든 것 같다. 하지만 매 맞는 아내의 비율은 줄고 있지 않은 것 같다. 연애할 때는 맞으면서까지 관계를 유지하려 하지 않는데, 왜 결혼한 후에는 맞으면서도 가정을 지키는 것일까? 이건 '가족 관계'를 해소하는 데 따른 비용이 있기 때문이라고, 거의 100퍼센트의 경제학자들이 말할 것이다. 이 비용 문제를 해결해 주어야 아내가 맞는 일이 사라질 것이라고 보는 게 경제학자의 관점이고, 상담 전화를 운용하거나 법률 지원

을 해 줘야 한다는 게 사회적인 관점일 것이다. 이 문제는, 40대 이상 여성의 경제 활동 가능성과 관련되어 있다는 것이 내 생각이다. 여성과 남성이 실질적으로 비슷한 경제적 위치에 있는 영국에서는, 오히려 아내에게 맞는 남편들이 사회적 문제가 되고 있다. 이렇게 맞는 남편들 중에는 럭비 선수도 있고, 권투 선수도 있다. 한국의 여성은, 경제적으로 약해서 남편들에게 맞는 것이라고 볼 수 있다. 그렇다면 연애 중인 여성은 왜 맞지 않는가? 이미 언급한 연구를 빌리자면, 결혼하지 않은 여성은 아직 1억 4천만 원의 '기회비용'을 자산으로 가지고 있기 때문에 약자가 아니다. 다만 결혼을 선택하는 순간, 최소한 이 정도의 자산을 잃어버리는 것이다.

3) 왜 중국의 얼 라이가 한국에서는 등장하지 않는가?

중국의 산업화와 함께 얼 라이, 즉 축첩 제도가 다시 등장해 사회 문제가 되고 있다. 일부에서는 중국을 두고 야만적이라고 비웃으면서 한국은 이런 일이 없기 때문에 더 선진국이라고 말한다. 이 말이 사실인

가? 경제학적으로만 해석하면, 이건 그만큼 한국 여성들이 더 약자라서 그렇다. 남자들 입장에서 보면, 원조 교제를 비롯해 잠깐의 시간과 적은 비용만으로도 늘 대상을 바꿔 가면서 '연애'할 수 있는 나라에서 굳이 한 사람의 평생을 책임지며 그보다 훨씬 많은 비용을 들일 필요는 없다. 즉 얼 라이 같은 현대식 축첩을 운용할 필요가 없는 것이다. 사회주의로 사회를 운용한 덕에 여러 가지 비인간적인 일이 많이 생겼지만, 중국 여성의 지위가 한국 여성의 지위보다 훨씬 높다는 사실을 잊으면 안 될 것 같다.

4) 국제 결혼은 사실상 매매혼인가?

한국 농촌으로 시집을 가서 산다는 것은, 생각보다 훨씬 가혹한 일이다. '정당한 연애'와 '정당한 결혼'이라는 말이 존재하기 어려울 정도로 가혹한 조건에서 결혼에 응할 파트너는 한국에 흔치 않다. 노동력과 인권의 상당 부분을 포기해야 하는 대신 생기는 것은 아무것도 없기 때문에 여성들이 농촌으로 가지 않는 것이다. 이런 상황에서, 한국의 남성들은 '매매혼'을 선택했

다. 옳고 그름의 윤리적 질문을 떠나서 보자면, 본질적으로 이 결혼은 매매혼이고, 그 사실은 변하지 않는다.

5) 연애만 하고 결혼하지 않는 여성은 지탄의 대상인가?

이미 50년도 전에 장 폴 샤르트르와 시몬드 보부아르는 계약 결혼이라는 새로운 양식을 시도했고, '동거 1세대'라고 할 수 있는 68세대 루아얄 여사는 2007년 프랑스 대선의 후보로 나섰다. 현실적으로 동거와 결혼 사이에 아무런 차이를 두지 않는 것이 선진국의 제도적 장치이다. 이에 비해 한국에서는 동거가 결혼보다는 연애에 더 가깝다. 정말로 인간이 '호모 에코노미쿠스(homo oeconomicus)' 즉 경제적 인간이라면, 여성의 입장에서는 결혼하지 않는 것이 당연하다. 시장주의를 강변하는 사람이라면 더욱 그렇다. 여전히 한국에서 결혼은 무조건 남성에게 수지맞는 장사이기 때문이다. 결혼하지 않는 것도 하나의 선택이므로, 존중받아야 마땅하지, 이것이 잘못되었다고 말할 수 있는 권리는, 적어도 시장 경제 내에서는 존재하지 않는다.

6) 골드 미스와 알파걸, 그 담론상의 차이는?

골드 미스는 연봉 4천 이상을 버는 결혼하지 않은 여성이고, 알파걸은 뭐든지 잘하는 여성을 의미한다. 맥락을 약간 달리하지만, 슈퍼우먼이라는 표현도 있다. 알파걸이 마케팅 용어로 등장했다면, 슈퍼우먼은, 승리한 40~50대 남성의 여성관이다. 그렇다면 골드 미스는? 아주 중립적인 '시민적 위상'을 가지고 있는 단어이다. 그럼에도 이런 단어가 사회적으로 불균형적으로 보이는 것은, 도시 빈민의 삶을 살 수밖에 없는 수많은 20~30대 여성들, 내 용어대로 한다면 '88만원 세대'의 여성상에 해당하는 또 다른 단어가 등장해서 균형을 맞추어 주고 있지 않기 때문이다. 이 21세기 한국은, 돈 없는 도시 빈민에 해당하는 여성을 증오하는 것 같다.

7) 원 나잇 스탠드는?

상대가 누군지도 알고, 그의 경제적 상황을 아는 상태에서 시작되는 연애는 경제학적 '정의로운 거래'와 우연이라는 두 가지 요소를 적용하면 풀 수 있는데, 원 나잇 스탠

드는 그렇게 쉽게 설명할 수 있는 것이 아니다. 이건 좋은 것인가, 나쁜 것인가? 연애 양식의 변화라는 구조적 설명틀을 들이대서, "그냥 그렇게 변하고 있다"고 하는 것이 가장 표준적인 설명일 것이다.

8) 우파들의 바람은?

DJ 정부 시절, 나는 좀 높은 위치의 공직자들을 볼 기회가 있었는데, 국장급 이상 공무원 가운데 '애인'이 없는 사람은 몇 명 못 보았다. 이 사람들의 특징은, 비정상적으로 보일 만큼 아내를 사랑한다는 것이었다. 바람을 피우는 남성 비율을 내 주위의 샘플로만 추정한다면, 우파보다는 좌파에서 더 높다. 바람 피우지 않는 좌파 지도자, 정말 손으로 꼽을 정도로 드물어 보였다. 그리고 동시에 맞바람의 비율도 좌파들이 높다. 이건 설명이 된다. 좌파들은 재산이라고 해봐야 얼마 되지 않기 때문에, 지켜야 할 무엇이 있는 우파보다 맞바람의 비율이 높은 것은 당연한 일이다.

9) 연애하지 않는 사람도 있는가?

주위의 샘플을 놓고 40대와 20대의 연애

비율을 30개 이상의 변수로 — 이 수치면 정규분포에 수렴한다는 '중심극한 정리'가 작동하는 수치이다. — 계산해 보면, 연애지수는 당연히 40대가 높다. 가난한 20대들은 순전히 '시장'으로만 파악된 연애에서도 소외되고 있는데, 여성과 남성의 비율로 비교해 보면, 연애하지 않는 여성의 비율이 조금 더 높다. 그렇게 얘기하면, "걔들은 못생겨서 그런 거 아냐?"라고 금방 반박하겠지만, 그건 아니다. 20대의 연애를 자신의 모든 것을 건 일생 일대의 거래라고 한다면, 40대의 연애는 아무런 위험이 없는 단순 지불에 더 가깝다. 개개인에게 직접 적용되지는 않지만, 크게 보면 경제력과 연애 빈도수는 비례하는 경향이 있다. 평균적으로, 가난할수록, 소외된 계층일수록, 그리고 지방에 살수록, 연애 빈도수가 낮아 보인다. 자유 연애가 세상을 진보시켜 줄 것인가? 별로 그렇게 보이지는 않는다. 결국은 경제적 권력의 문제로 보인다.

10) 연애도 권리인가?

'동거'는 분명히 권리라고 생각한다. 동거 상태에 있는 여성에 대한 경제적, 문화적, 사회적 보호 장치와 함께 2세에 대한 적절한 지원 장치가 마련되지 않은 상태에서, 동거는 사회적 권리의 문제이다. 그렇다면 연애도 권리일까? 분명히 연애에서도 '양극화' 현상이 나타나기는 하는데, 이게 최근에 생긴 문제인지는 잘 모르겠다. 폭력과 성희롱 혹은 경제적 구조로 인하여 생겨나는 성매매 등에 대해서는 분명히 경제학이 할 일이 있다고 생각하는데, '평등한 연애권'도 중요한 것인지는 아직 잘 모르겠다. 그러나 한 10년쯤 지나면, 대학원 박사 과정에서 '평등한 연애권을 위한 재정 정책'과 같은 수업이 개설될지도 모른다.

3. 맺는 말을 대신하여

1990년대에 장정일이 '섹스에 미친 사회'라고 말하였다. 나는 이 말에 동의한다. 수많은 중독 중에 과도한 섹스 그리고 심지어 과도한 연애도 하나의 중독이다. 물론 중독이든 아니면 슬픈 연애든, 이는 개개인의 문제이다. 우파 경제학이든 좌파 경제학이든 대개는 '정당한 거래'인가, 그리고 폭력이나 사회적 압력이 개입하였는가, 그래서 사실상 '부당한 거래' 혹은 인권 침해를 만드는가 등의 문제만을 본다.

그러나 한 가지는 확실하다. 1990년대 이후로 한국 자본주의가 개개인의 연애 중독을 상품화하고, 돈을 뜯어내면서 도시 빈민의 얄팍한 주머니까지 털어 가는 데 상당히 익숙해졌다는 사실 말이다. 한국 자본주의가 국민들을 만나는 두 가지 창구는 쇼비니즘과 연애 중독, 이 두 가지이다. 한때 자유 연애가 중세적 '중매 결혼'을 극복하고 새로운 세계로 가는 길이라고 생각했던 적이 있기는 한데, 한국 자본주의가 좀 치사하기는 해도, 이런 창구를 찾아내서 자본화하는 데에는 또 세계에서 최고로 효율적이다.

성형 중독 앞에 "못생겨도 괜찮아"라는 말을 달았는데, 이제는 "연애 못해도 괜찮아"라는 말을 하나 더 달아야 할 것 같다. 하여간 한국의 자본들은 열심히 연애를 상징으로 내세우면서 소비자들의 지갑을 털려고 하는데, 현실적으로 20대는 동거는커녕 연애도 제대로 하기 어려운 상황으로 몰리고 있다는 것이, 이것저것 잡히는 대로 통계와 관찰을 해 본 어느 경제학자가 내린 잠정적 결론이다. 여기에서 부당한 것은 단 한 크게 보면 경제력과 연애 빈도수는 비례하는 경향이 있다.

평균적으로, 가난할수록, 소외된 계층일수록,

그리고 지방에 살수록, 연애 빈도수가 낮아 보인다.

자유 연애가 세상을 진보시켜 줄 것인가?

별로 그렇게 보이지는 않는다.

결국은 경제적 권력의 문제로 보인다.

가지이다. 티파니와 불가리만 사 주면, 중국의 부자들처럼 '얼 라이'에 골치 아프게 집과 생활비까지 부담할 것 없이, 훨씬 간편하고 쉽게 20대 여성들이 취할 수 있는 40대 남성과, 그들의 거래 상대인 20대 여성 사이의 거래만큼은, 경제학적으로 '부당한 거래'라는 사실이다. 한국의 20대 여성들이 이 거래를 받아들이는 것은, 그들이 중국의 '얼 라이'보다 훨씬 더 사회적으로 약자이기 때문인 것 같다.

모두가 할 말이 조금씩은 있는 것이 바로 연애라는 주제이다. 이 안에 질서가 있어도 곤란하고, 법칙이 있어서는 더더욱 곤란할 것 같다. 그러나 최소한 '부당함'은 좀 줄어들었으면 좋겠다. 연애에 답은 없고, 그것을 분석하는 데도 한계가 있다. 그래도 사람들이 이론적 틀을 가지고 여러 가지를 얘기하다 보면, 지금과 같은 황당한 상황이 조금은 나아지지 않겠는가?

우석훈 // honortomeadows@gmail.com

경제학을 공부했고 현재 성공회대학교에서 강의를 하고 있다. 늘 자신을 'C급 경제학자'라고 소개한다. 지은 책으로 『한미 FTA 폭주를 멈춰라』, 『88만원 세대』, 『촌놈들의 제국주의』, 『괴물의 탄생』 등이 있다.

포스트 386의 섹슈얼리티와 친밀성

이성은

한국 사회 부부들의

사례를 살펴보면,

결혼 관계 내에 낭만적 사랑은

실재하지 않으며,

협상과 타협을 위한

"감정적인 노동"으로서의

"사랑"이 끊임없이 경합하고

있음을 알 수 있다.

누가 포스트 386세대인지에 대한 사회적 합의 혹은 학문적이고 이론적인 정의는 아직 분명치 않다. 따라서 이 글에서 말하는 포스트 386세대는 나이에 국한된 세대를 지칭하기보다는 20세기의 거대한 담론의 영향력 안에서 진보를 논하던 세대를 넘어서서 21세기의 새로운 변화의 가능성을 모색하는 사람들로 정의하고 싶다. 그러므로 신체 나이가 50대라 하더라도 포스트 386세대일 수 있고, 반면 신체 나이가 10대라 해도 그렇지 않을 수 있다는 맥락에서 포스트 386을 이해하려 한다. 포스트 386세대가 이전 세대와 두드러지게 다른

점 중 하나는 사적인 관계에서의 변화, 즉 연애, 결혼 그리고 가족을 사유하고 행위하는 방식의 변화이다. 전 지구적인 차원에서 근대에서 후기 근대로 가는 시공간적 변화의 징후가, 사적인 관계―가족, 부부, 연인 관계―의 혁명적인 변화를 시작으로 나타나고 있음을 이미 여러 학자들이 토론하고 있다.(앤서니 기든스, 울리히 벡, 엘리자베트 벡-게른스하임, 조한혜정, 우에노 치즈코) 이들은 특히 결혼 관계의 변화, 결혼 관계 내에서의 성, 사랑의 개념과 이를 둘러싼 행위 양식의 변화가 개인 간의 새로운 관계를 구성하는 모티브로 작동하고 있음을 주목한다.(울리히 벡, 엘리자베트 벡-게른스하임) 결혼율 및 출산율의 감소, 이혼율 및 독신 가족의 증가 등 한국 사회의 가족 관계를 둘러싼 다양한 변화들 역시 후기 근대의 한 징후이며, 이러한 변화들의 주체로서 포스트 386세대가 자리하고 있다. 그들은 결혼보다는 일을 선택한 골드 미스이기도 하고, 결혼 관계와 무관하게 아이를 낳기를 원하는 미스맘이기도 하며, 폴리가미를 꿈꾸는 『아내가 결혼했다』의 그녀이기도 하다. 이러한 징후들을 배경으로 살고 있는 현재 한국 남녀의 결혼 관계 안에서

사랑 그리고 섹슈얼리티는 어떻게 재구성되고 있는지, 이는 친밀성(Intimacy)과의 어떤 연장선상에서 개념화할 수 있는지를 밝혀 보고자 한다.(이 글에서는 필자가 연구를 위해서 심층 면접을 진행했던 한국의 남녀 사례들을 중심으로 논의를 전개할 것이다. 아래의 사례 개요표를 참고하면 이 글을 이해하는 데 도움이 될 것이다.)

1. 시공간의 변화와 성-사랑-결혼의 해체

한 개인이 경험하는 세계는 그/그녀가 경험하는 시간과 공간의 변화에 따라 전근대적, 근대적, 후기 근대적 사유 방식들이 끊임없이 충돌하고 경합하면서 구성된다. 따라서 개인이 경험하는 사랑과 성, 결혼 관계 또한 그러한 구성 방식에서 크게 벗어나지 않는다. 이를 다음의 사례들을 통해 살펴보자.

A씨(38세, 여성, 법률사무소 재직 중)는 결혼 관계를 10년 동안 경험하고 인터뷰 당시 별거 1년 후 이혼한 상태였다. 그녀의 결혼 관계 내에서 성, 사랑에 대한 경험은 결혼 제도를 유지하기 위해 가족 관계 안에서 규정된 아내, 엄마로서의 정체성과 행위 주체로서 개인인 '나'가 원하는 욕망 사이에서 끊임없이 갈등하고 경합한다. 결혼 초기 그녀가 경험한 성-사랑-결혼의 실행은 근대적 결혼의 사유 방식과 일맥상통하고 있다.

"사랑을 할 때는 성관계 자체도 좋은데 사랑을 하지 않을 때는 성관계가 상당히 부담스러웠던 거 같아.…… 그 부분에 대해서는 별로 문제가 없었고 서로 결혼 초기에 사랑한다고 할 때는 좋았지."(A씨)

하지만 결혼 생활이 지속될수록 맞벌이 부부로서 직면하는 불평등한 결혼 관계의 요소들―출산, 육아, 가사 노동―로 인해 다양한 갈등 양상들을 경험하면서 그녀는 의사소통의 부재, 낭만적 사랑의 허구를 경험한다. 사랑은 없지만 결혼 관계를 유지하기 위해 원치 않는 성적인 봉사를 하게 됐다는 그녀의 이야기 속에서 전근대적인 결혼의 억압성을 발견할 수 있다.

사례 개요표

사례	연령/성별	결혼 기간	자녀수	직업	비고
A	38세/여	10년	2녀	법률사무소	이혼
B	30세/여	2년		대학교 행정직	
C	49세/여	20년	1남 1녀	전업 주부	
D	34세/남	3년	1녀	회사원	
E	38세/남	12년	2녀	정부 기관	
F	37세/남	7년	1녀	학원 경영	K의 남편
G	38세/남	7년	1남	정부 기관	
H	47세/여	7년	1녀	노동 조합 상근직	I의 부인
I	43세/남	7년	1녀	사회 운동 단체	H의 남편
J	37세/남	10년	무	정부 기관	
K	33세/여	7년	1녀	대학원 재학	F의 부인

"남자들은 여자가 밤에 잠자리를 자꾸 거부하면 자기를 우습게 안다고 생각하는 거 같아.…… 그러니까 억지로 요구를 하면 내가 몸을 대 주고 있으면서 학대라도 받아야 되는 거 아닌가 이런 생각이 들 정도였으니까. 그렇게 싫었어".

하지만 A씨는 자기를 희생하면서까지 결혼 관계를 유지하기를 거부하고, 전근대적인 결혼 관계의 억압성 안에 안주하지 않았다.

"(스트레스 해소가 아니라) 내 정신이 열리는 듯한 기분이 들었거든. 그러니까 그 친구도 나도 가정을 갖고 있던 상태에서 서로 어떤 거를 요구도 안 했어. 원하지도 않았고. 그러니까 뭐 그 친구 같은 경우는 나한테 행복을 주고 싶다 그리고, 나 같은 경우는 그 친구한테 꿈을 주고 싶다고 그랬으니까."

누군가와 친밀한 관계를 맺고자 하는 그녀의 욕망은 결혼 제도 밖으로 옮겨 갔다. 결국 개인이 가지는 욕구와 욕망을 제도가 붙잡아 매기에는 한계가 있음이 드러나는 지점이기도 하다. 그러한 주체의 욕망은

성-사랑-결혼이라는 근대적 결혼의 통합적인 구조를 해체하는 과정으로서 묘사된다. 후기 근대 사회를 살고 있는 개인은 안정적인 제도로 들어가기를 원하기보다는 개인 간의 친밀감을 통한 불안정하지만 자유로운 정서적인 유대를 강하게 욕망하고 있음을 보여 주는 한 예이다.

A씨는 본인이 어떻게 이혼을 선택하게 되었는지, 그리고 아이를 가진 싱글로서 현재의 삶을 살아가면서 결혼, 사랑, 성에 대해서 어떤 생각을 가지고 있는지를 다음과 같이 피력하고 있다.

"남편 그늘에서 살 때는 남편이 좋든 싫든 그 그늘을 벗어날 자신이 없더라. 길들여진 거지. 직업을 갖고 있는 나도 이런데 직업이 없는 여성들은 더할 것 같아. 그랬는데 결혼 생활에서 벗어난 지금은 오히려, 남자란 내 인생에서 아주 작은 부분일 뿐이라는 생각이 들어.…… 사랑? 별거 아니야. 사랑은 그냥 사랑이야. 안 믿는 건 아니야. 근데 그거에 그렇게 목숨 걸고 싶진 않아. 그리고 특히 남자. 내 인생에 남자는 별로 도움이 안 된 것 같아. 그래서 그냥 따라오려면 따라오라지, 하면서 나는 거기

에 큰 비중을 두고…… 그러지 않지 이제."

경제적으로 자립할 수 있는 여성임에도 그녀는 정상 가족 이데올로기가 강한 한국 사회에서 이혼에 대해 막연한 두려움을 가지고 있었다. 그러나 결국 그녀는 이혼을 선택함으로써 자신의 삶에서 결혼과 남자가 차지하는 비중의 과부하를 거두어 냄과 동시에 결혼-성-사랑이 통합적으로 구성되어야 한다는 근대적인 각본으로부터 벗어날 수 있었다.

지금까지 A씨의 경험을 바탕으로 어떻게 한 개인이 근대적, 그리고 전근대적, 후기 근대적 결혼 관계 안에서 경합하고 갈등하면서 행위자로서 자신의 삶을 선택해 나가는지를 살펴보았다. 한 가지 사례만 가지고 한국의 결혼 관계의 구성 방식을 단정할 수는 없지만, 그녀가 경험한 결혼, 성, 사랑을 둘러싼 경합과 갈등은 한국 사회 결혼의 후기 근대적인 징후를 보여 주는 한 양상임을 부인할 수는 없을 것이다.

2. 탈낭만화된 결혼 관계와 감정 노동으로서의 사랑

결혼 관계 내의 남녀의 사랑은 우애적, 열

정적, 낭만적, 의존적, 복합적 사랑 등으로 정의되며, 구체적인 삶의 맥락과 경험에 따라 개인이 정의하는 사랑 개념의 변화 가능성은 늘 열려 있다. 따라서 결혼 관계를 유지하기 위해 한국의 남성과 여성이 구성하는 사랑은 협상과 타협에 의해서 조정되고 만들어지는 불확정적이고 혼란스러운 개념이다. 즉 결혼 관계 내에 낭만적 사랑은 실재하지 않으며, 협상과 타협을 위한 "감정적인 노동"으로서의 "사랑"이 끊임없이 경합하고 있다고 볼 수 있다. 내가 연구를 하면서 만난 참여자들은 6개월부터 20년에 이르기까지 각기 다른 기간 동안 결혼 관계를 경험한 남녀들이다. 결혼 관계 내에는 다양한 사랑의 개념이 존재하지만 그들이 가장 중요하다고 생각하는 부부 간의 사랑은 서로에 대한 신뢰와 믿음이다. 그 신뢰를 구성하는 핵심은 B씨(30세, 여성, 결혼 2년, 행정직)의 말처럼 "너는 다른 여자와의 관계를 끊어야 되고, 나는 다른 남자와의 관계를 끊어야 되는 일종의 계약이 성립"된 관계, 즉 성적 배타성이다. 하지만 아이러니하게도 이러한 신뢰를 주장하면서도 그들은 열정적인 성애적 사랑을 추구하기 위한 감정 노동은 뒷

전으로 하고 자신들의 사랑을 "신뢰", 혹은 "믿음"이라는 말로 대체한다. 따라서 우애적 사랑으로도 명명되는 부부 간의 신뢰와 사랑을 결혼 관계 유지를 위한 가장 안전한 장치로 여기기도 하지만 동시에 그만큼 불안정하고 언제든지 깨질 수 있는 가장 약한 고리이기도 하다는 것 역시 인정하면서도 그 끈을 쉽게 놓지 않는 맥락이 지금의 현실이다. 이를 통해서 그들이 성-사랑-결혼의 통합체라는 근대적 결혼을 어떻게 탈맥락화하고 있는지를 보여 주게 될 것이다.

"저는 서로 믿고, 존경하고, 상대방에게 까다롭지 않게 배려하고 그러는 거."(B씨)

"서로 믿고 의지하고. 어릴 때 남자 만나는 것처럼 가슴 떨리고 설레이고 그러는 것보다는 그냥 믿음이 가고 가족이란 느낌이 드는 게 사랑인 것 같아요"(C씨).

결혼 기간 20년을 유지해 온 40대 후반의 B씨와 결혼 기간이 그리 오래되지 않은 30대 초반의 C씨(49세, 여성, 결혼 20년, 전업 주부)는 세대도 다르고 결혼 경험 기간에도 차

이가 있지만, 결혼 관계 유지는 서로 간의 배려와 보살핌과 같은 감정 노동과 관련되어 있음을 공통적으로 보여 준다. 하지만 내가 만난 그녀들은 부부 간의 신뢰, 믿음의 핵심적인 요소라고 할 수 있는 성적 배타성을 둘러싸고 고민하고 갈등하기 시작한다. 즉 한국 남성들이 일상적으로 경험하는 일회적인 혼외 성관계에 대해서 세대와 무관하게 다소 허용적인 태도를 보이면서, 그것이 결혼 관계 안의 신뢰에 기초한 사랑을 훼손하는 것은 아니라고 스스로를 이해시키려고 노력한다. 하지만 상대가 혼외 성관계를 갖더라도 자신이 인지할 수 없도록 해야 한다는 단서를 붙임으로써 결혼 관계 유지를 위해 성적 배타성이 가지는 무게감을 완전히 무시할 수는 없음을 드러내기도 한다.

즉 부부 간의 신뢰에 기초한 우애적 사랑은 서로에 대한 보살핌, 배려를 기반으로 한 사랑이기도 하지만, 관계 유지를 위해서는 근대적 결혼의 가장 중요한 계약 사항인 성적 배타성이 주요한 요소인 것이다. 하지만 연구에 참여한 여성들은 다음과 같은 전략을 취한다. 그들은 "모든 남편들이 혼외 성관계를 했다 하더라도 내 남

편만은 그렇지 않을 것이다."라고 스스로를 세뇌함으로써 본인의 결혼을 성-사랑-결혼의 통합체에 기초한 정상적인 결혼으로 규정하고 싶어 한다. 이는 의식적인 차원에서는 근대 결혼의 통합적 방식을 따르면서도 현실적인 차원에서는 결혼 관계를 유지하기 위해 표면적으로는 후기 근대적 징후를 그리고 내면적으로는 스스로의 감정을 통제하고 조절하는 전근대적 사고방식을 드러내는 것이다. 즉 성적 배타성과 무관한 결혼 관계 유지는, 여성보다 남성에게 더 개방적이고 허용적인 이중 규범을 내면화하는 전근대적 결혼의 형태에 대한 순응이다. 이는 남녀 간의 정서적인 단위로서의 핵가족 개념을 뛰어넘어 기능적인 관계, 즉 경제 공동체, 자녀 양육 공동체로서의 가족의 기능만을 받아들일 수 있는 상황이라고 볼 수 있다.

이러한 맥락에서 재미있는 현상은 다른 논제들과 달리 성적 배타성을 둘러싼 성별 정치학은 확연히 구분된다는 사실이다.

"저는 물어볼 거예요. 갈래? 간다고 그러면 보내 줄 거예요. 왜 그랬니 같은 건 필요 없고. 왜는 뭐…… 벌써 그랬는데 뭘 왜 그랬니야. (근데 만약에 안 가겠다 그러면 살 수 있어요?) 예, 살 수 있어요."(D씨)

"뭐 잠시 나처럼, 물론 합리화하는 것일 수도 있는데, 그런 거라면 이해하고. 서로 관계를 끝내길 원치 않는다면 살 수 있겠지."(E씨)

"할 수도 있지요 뭐, 몇 번 하면 사람이 달라져요? 아니, 몇 번 딴 남자랑 자면 사람이 갑자기 확 달라지나? 나는, 그 사실을 알면 기분이 굉장히 안 좋을 것 같은데, 그래도 그걸로 인해서 결혼 생활 파탄 낸다, 이러지는 않을 자신 있어요, 그럴 것 같아요."(F씨)

내가 만났던 남성 참여자들인 D씨(34세, 남성, 결혼 3년, 회사원), E씨(38세, 남성, 결혼 12년, 정부 기관 소속), F씨(37세, 남성, 결혼 7년, 학원 경영)의 경우 아내의 혼외 성관계에 대해서 상당히 허용적인 태도를 보인다. 만약 아내에게 자신보다 더 사랑하는 사람이 생겼다면 쿨하게 보내 줄 수 있다고 생각하고 또 일회적인 만남이었다면 결혼 관계를 해소할 필요가 없다는 생각을 피력한다. 과연 그들이 실제로 그런 경우에 쿨하게 대처할 수 있을지는 미지수이다. 그럼에도 성적 배타성을 둘러싼 그들의 허용적인 태도는 이미 결혼 관계가 가지는 의미를 다르게 해석하고 있기 때문이라는 점이 주목할 만하다. 이는 그들이 자신의 혼외 성관계 경험 역시 부인들에게 관대하게 받아들여지기를 원하기 때문일 것으로 짐작케 함과 더불어 자신들의 결혼을 근대적 결혼, 성-사랑이 통합적으로 이루어지는 결혼으로 상정하고 있지 않음을 시사해 주는 것으로 평가할 수 있다.

이러한 맥락에서 한국 사회의 포스트 386세대가 경험하는 결혼 관계 속에서는 전근대적, 근대적, 후기 근대적 결혼 관계와 사고방식들이 혼돈스럽게 경합하고 있으며, 이러한 경합의 양상은 한마디로 정의할 수 없는 다양한 형태로 지금도 진행 중이라고 할 수 있다.

3. 성적 친밀성의 구조 변동

사랑과 섹슈얼리티를 이론적으로 세분화하기 위한 여성주의자들의 논의 방식은 남녀 간의 사랑이 다른 형태의 사랑과 어떻게 다른지를 섹슈얼리티와 관련지어 이해

한다. 스테비 잭슨(Stevi Jackson)은 여성들에게 사랑과 성적 욕망은 서로 깊은 연관을 가지지만, 남성들에게는 꼭 그렇지는 않다는 점을 제시하면서 여성들의 성적 욕망을 둘러싼 모순점을 제시하기도 한다. 여성들은 사랑과 성을 주요 소재로 다루는 로맨스 소설을 읽으며 자신의 욕망을 해소하지만, 현실적이고 구체적으로 그 성적 욕망이 무엇인지를 표현하지 않는 것이 문제임을 지적한다. 이와 같이 여성주의자들은 이성애적 제도로서의 결혼이 여성들에게 어떻게 억압적인가를 지적하지만, 그럼에도 여성들의 섹슈얼리티가 사랑에 기반하고 있다고 인식하는 현실이 모순적임을 제시한다.

이는 남녀 간의 성적 쾌락을 둘러싼 성별화를 제시하고 있는데 이와는 좀 대조적인 연구도 존재한다. 그 연구는 사랑이라는 감정 자체는 성별화되어 있지 않지만 감정을 유지하기 위한 노동은 성별화된다는 점에 주목한다. 남녀 간의 사랑을 유지하는 원동력은 지금까지 여성들이 주로 담당했던 감정 노동이다. 하지만 여성들이 사회적 노동에서 성취감을 만끽하기 시작하면서 사적인 관계에서 감정 노동에 소홀해

지자, 그것이 사적인 관계—결혼, 연애 관계—의 해체로 귀결되고 있다. 관계의 친밀성을 유지하기 위해 요구되는 감정 노동의 불평등은 성별 불평등과 밀접하게 연관되어 있다.

6년 동안 아내와 성관계를 하지 않은 채로 결혼 관계를 유지하고 있는 G씨(38세, 남성, 결혼 7년, 정부 기관 소속)의 사례는 사랑하는 감정과 성적 쾌락 사이에 밀접한 연관이 있음을 보여 준다. 그는 연애 중에 아이가 생겨 결혼했고 부인이 만삭이 될 때까지 적극적으로 성관계를 할 정도로, 성관계가 부부 간 의사소통과 친밀도를 높이는 중요한 방식이었으며 또한 서로 만족스러웠다고 말한다. 하지만 아이를 낳고 양육, 가사 분담 등의 문제와 관련한 갈등이 불거지면서 현재는 6년여 동안 성관계를 전혀 하지 않고 있다고 한다.

"가끔 늦게 퇴근해서 집에 들어가면 집사람이 자고 있단 말이야, 애하고. 집사람이 치마를 입고 자면 이게 말려 올라가 있는 경우가 있어. 몇 차례는 속옷을 안 입고 있는 경우도 있었어. 성기가 적나라하게 다 보이는. 보통의 사람이라면 달려든단 말이

지. 근데 내 눈엔 그게 추해 보인다. 그래서 살짝 이불을 덮어 줬어. 만약에 나랑 우리 와이프하고 사이에 친밀감이 어느 정도 존재하고 있다면 달려들었겠지. 사고, 이성이라는 게 그렇더라고, 일단 아니다 싶으니까 살 부딪치는 것도 싫어. 그러면 아주 적나라하게 성기를 보더라도 성욕이 안 생겨."(G씨)

G씨의 경험을 통해 우리는 남성은 사랑과 무관하게 육체적인 쾌락만을 위해서도 성관계가 가능하다는 기존의 논의가 현실 생활에서 늘 적용되는 것은 아님을 알 수 있다. 서로 사랑하는 사이였고 그래서 성관계를 통해 친밀감을 한껏 높였던 경험을 가진 커플임에도 서로에 대한 존중감과 예의를 벗어났을 때 각자가 받는 상처는 성관계로 회복이 불가능하다는 것을 그의 경험을 통해 알 수 있다.

서로를 신뢰하고 존경하고 있으며 일상적인 부부 관계에 특별한 문제가 없는 것으로 판단되는 H씨(47세, 여성, 결혼 7년, 노동조합 상근직)와 I씨(43세, H의 남편, 사회 단체 근무)는 성관계의 부재가 그들 부부의 가장 큰 문제라고 생각하고 있다. 그들은 5년 전 아

이가 생긴 후부터 애무, 포옹을 포함한 전반적인 성관계를 전혀 하지 않았는데, 이러한 성관계의 부재가 부부 관계의 빈곤함으로 귀결된다는 것을 둘 다 인지하고 있다.

"연애할 때는 상당히 적극적인 표현을 많이 했죠. 애 낳고 난 다음인 거 같아. 애 낳기 전까지는 그러지 않았어요. 매우 중요한 부분이었지. 3년 동안 중요한 부분이었지. 지금 생각해 보니까 그러네. 애 낳고 나서도 중요한 건데."(H씨)

"일 때문에 애 엄마가 너무 스트레스를 많이 받았어요. 그런 상황에서 같이 그……아휴. 안아 주려고 하는 그런 느낌이 없었어요."(I씨)

H씨는 결혼 전부터 상당히 바쁘게 사회 활동을 했고, I씨를 만나기 전까지는 결혼에 대해 부정적이었다. 하지만 서로 사회를 보는 시각이 같다는 점에서 신뢰하고 사랑하게 되었고, 국적이 다름에도 불구하고 결혼을 결정했지만 아이가 태어난 후부터 양육, 가사 노동 문제 등으로 부부가 서로 얼굴 볼 틈조차 없을 정도로 바쁘게 일

상을 보내고 있다. 이러한 일상적인 여유의 부재는 부부 간의 소통에 장애가 되고 이는 성관계의 부재, 친밀감의 공백 등의 문제로 제기되고 있다. 이는 소홀한 성관계가 부부 간 친밀성의 이완과 밀접한 연관성이 있음을 잘 보여 주는 사례이다.

별다른 문제가 없더라도 결혼 기간이 길어지면 부부 관계 내에서 성적 쾌락의 정도가 변한다는 입장을 피력하는 사람들도 존재한다. 20년 동안 결혼 관계를 유지한 C씨는 "결혼 초기에는 정말 육체적인 게 이렇게 좋구나, 어떤 때는 농담 삼아 진작에 할 걸 그랬다고 했는데, 한 3~4년 지나니까 그래도 서로 의무적으로 해야 하는 거 아닌가, 생각하기도 하고."라고 말한다. C씨는 낭만적 사랑이 우애적 사랑으로 변하듯이 부부 간 성생활의 패턴도 변화한다고 지적한다. 딩크족인 J씨(37세, 남성, 결혼 10년, 정부 기관 소속)는 서로 생활이 바쁘다는 이유로 혹은 익숙해진 가족이기 때문에 아내에게 더 이상 성적인 욕구가 생기지 않는다고 말한다. 아내를 가족으로 규정하는 것은 그녀를 성적으로 더 이상 매력적이지 않은 대상으로 규정하는 것이고, 이는 혼외 성관계를 통해 성적 욕구를 해소할 가능성을

내포하는 것이기도 하다.

하지만 결혼 기간이 지속되면 부부 간 성적 쾌락이 감소할 것이라 결론짓는 데 동의하지 않는 사례 또한 존재한다. E씨는 13년이라는 오랜 결혼 기간에도 불구하고 일주일에 한 번 정도는 부인과 성관계를 가지며 쾌락을 느끼고 자신의 부인 역시 그럴 것으로 믿고 있다. 그는 규칙적인 성관계를 통한 즐거움은 결혼 생활을 원만하게 유지하는 데 주요한 요소라고 말한다. 또한 E씨는 자신이 아내에게 "예쁘다"고 말하고 평소 전화를 자주 하거나 스킨십을 자주 한다며 자기는 아내를 예뻐해 주는 것이 아내를 사랑하는 것이라 생각한다고 표현한다. 따라서 결혼 기간과 성적 쾌락은 반비례한다고 단정 짓기에는 여러 가지 요소들이 고려되어야 한다는 점을 E씨의 경험을 통해서 알 수 있다. 이와 유사하게 F씨와 K씨(33세, F씨의 아내, 대학원생) 역시 성관계를 통한 쾌락이 부부 관계에 중요한 요소임을 제시한다. K씨는 남편을 사랑하는지에 대한 확신은 없지만 성관계에서는 상당한 만족감을 표현한다. 그녀는 부부가 가족으로서 하나 됨을 느끼려면 성관계가 중요하며, 이를 통한 만족감이 행복

감으로 연결된다고 말한다. 하지만 그의 남편인 F씨는 아내를 사랑하고 그녀가 예쁘다고 생각하지만 성적 쾌락에 대해서는 그리 만족스럽지 않다고 말한다.

부부 모두가 사회 활동을 하게 되면서 시간적으로 여유가 사라져 정상적이고 합법적으로 성관계를 향유할 수 있는 부부 관계 내에서도 성적 쾌락을 충분히 느끼지 못한다는 측면은 후기 근대적 가족 관계의 양상을 드러낸다. 그럼에도 매스미디어는 낭만적 사랑에 대한 이데올로기를 부부 간의 깜짝 이벤트로 해결할 수 있다는 광고를 일삼고 있다. 하지만 후기 자본주의 사회에 만연한 일 중심의 문화 패턴의 흐름을 거스르기에는 한계가 있다.

지금까지 살펴본 사례들은 성관계를 둘러싸고 부부들이 사랑이라는 이름으로 다양한 형태의 감정 노동을 수행하면서 갈등하고 경합하고 있음을 보여 준다. 성적 즐거움은 부부 간의 일상적인 소통과 유의미한 연관성이 있다는 데 참여자들은 동의한다. 하지만 실제 그들은 머릿속으로는 성관계가 중요하며 꼭 필요하다고 의식하면서도 실행에 있어서는 적극적이지 못하다. 이러한 양상은 성-사랑-결혼의 근대적 결혼의 통합체를 해체하는 과정과 연관되어 있다. 결국 이러한 의식과 실행의 괴리는 부부 간의 성적 친밀성의 부재로 연결되고 또한 의사소통의 어려움, 정서적 유대감의 부족으로 연결된다. 따라서 친밀성 부족으로 발생하는 공허함을 자녀라는 매개체를 강조하고 부부 관계의 친밀성을 능가하는 가족 간의 친밀성을 강조함으로써 해결하려 하고, 결혼 관계 유지의 다른 기제를 찾고자 노력하는 양상이 보이기도 한다. 하지만 자녀를 매개로 결혼 관계를 유지하고, 가족주의적 친밀성으로 부부 간의 친밀성 부재를 매우는 데는 한계가 있음 또한 알 수 있다.

후기 근대적 사회 시스템이 요구하는 개인주의화는 한국 가족 내의 친밀성의 구성 방식과 밀접한 연관성을 가지며 진행하고 있다. 결론적으로 결혼 관계를 유지할 것인가 아니면 다르게 변용할 것인가를 두고 한국의 기혼 남녀들은 고민에 빠져 있다. 성관계라는 행위를 둘러싸고 사랑이라는 이름의 감정 노동을 다양한 방식으로 수행하면서 전근대적, 근대적 그리고 후기 근대적 결혼의 다양한 국면에서 이리저리 헤매고 있는 것이 현재 한국 사회에서 결혼을 경험하는 남자와 여자의 현실이다.

지금까지 한국의 결혼 관계 내에서 후기 근대적 사유의 징후로서 개인화와 한국적 가족주의가 어떻게 충돌하는지를 살펴보았다. 이는 결혼 관계 내의 변화하는 성-사랑-결혼의 통합 구조가 어떻게 해체되고 있는지를 확인하는 과정이었다. 낭만적 사랑의 감정과는 다른 형태의 다양한 사랑 개념, 감정 노동으로서의 사랑이라는 개념 등은 근대적 결혼 관계의 틀을 벗어나 전근대적, 근대적, 후기 근대적인 다양한 방식의 관계들이 혼돈되고 얽혀 있는 과정으로 설명될 수 있다. 또한 사랑의 변화된 개념은 부부 관계 내의 다양한 섹슈얼리티의 정치학적 측면으로 재현되고 있으며 그러한 다양한 양상은 후기 자본주의적인 소비 문화의 양상 그리고 후기 근대적 개인주의화로의 이행 과정과도 밀접한 연관성이 있다.

이성은 // sl1207@freechal.com

섹슈얼리티 전공으로 여성학 박사 학위를 받았으며, 현재는 서울시여성가족재단 정책개발실의 연구위원으로서 '여성이 행복한 도시 만들기'를 어떻게 여성주의적 관점에서 이론화할 것인가를 고민 중이다. 지은 책으로는 East Asian Sexualities(공저) 등이 있으며, 논문으로는 「한국 기혼 남녀의 섹슈얼리티와 친밀성 개념화」, 「성희롱-이성애 제도-조직 문화 그 연관성에 관한 고찰」 등이 있다.

가족주의를
복사하는 연애

천정환

Family

1. 서 : 한국 가족주의의 실패

남녀 일대일의 배타적인 이성애(=연애)를 기초로 성립하는 일부일처제, 그리고 그 가족이 얼마나 많은 모순을 가지고 있는지는 잘 알려져 있다. 페미니즘을 위시한 '비판'의 타당성에 대해서는 더 지적할 필요가 없을 것 같다. 보탤 것은 연애와 결혼이 스스로를 내파하는 역설을 갖는다는 점이다.

다시 말해 연애의 지속은 연애의 파괴이며, 결혼은 연애의 종국점이다. 그 메커니즘 자체가, 사랑과 결혼 속에 들어가고자 욕망하는 인간을, 또 그 속에 들어온 인간을 파괴할 수 있다. 즉 연애와 결혼, 그 결과로서 가족은 상처의 기원이자 파멸의 이유이다. 그런데 뜨겁게 연애하다 보면 '늘 함께' 있고 싶어지는 때가 있다. 심지어 '평생' 함께 있어도 좋겠다고 생각할 때도 있다. 순간과 영원이 혼동되는 바로 그럴 때가 문제이다. 물론 좋은 사람과 평생 함께하면 좋다. 그런데 그런 상태에서 곧잘 우리는 함께하고 싶음에 대한 욕망을 '결혼하고 싶음'이라 잘못 번역하게 된다. 「우리 결혼했어요」 같은 프로그램은 바로 그런 잘못된 인식을 유포하는 가장 좋은 사례일 것이다. 결혼과 연애는, 그리고 가족은 완전히 서로 다른 것일 수 있음에도, 우리는 '오래 함께 있는 다른 방법'을 잘 모른다. 막힌 상상력과 한국식 가족주의 때문일 것이다.

오늘날 한국 가족의 문제는 두 가지다. 첫째, 중산층 가족주의가 현실에서 처참히 실패하고 있다는 점. 둘째, 그럼에도 그 가족주의는 여전히 지배적 윤리로 복창되고

'모범'으로서 모두에게 강요된다는 점. 한국식 가족주의의 실패를 보여 주는 증거는 너무나 많다. 높은 이혼율과 낮은 출산율 같은 비교적 편한(?) 사실들 외에도 그러하다. 청소년 자살과 노인 자살을 포함한 세계 최고 수준의 자살률. 그리고 엄청난 낙태와 '고아 수출'을 포함한 기아(棄兒). 자살하는 사람들과 버려지는 아이들은 버려졌다는 점에서 똑같다. 가족이 소중하다는데, 왜 그들은 살해당하거나 버려졌을까? 그리고 그들은 누구로부터 버려졌는가? 타인은 우리를 버리지 못한다. 그들은 가족으로부터 버려졌다. 자살과 버려짐은 가족 때문에 일어나는 가족의 사건들이다. 한 조사에 의하면 자살 동기의 38퍼센트는 직접적으로 가족 내의 갈등이다.(「자살 동기 58% "가족 갈등·이성 문제 때문"」,《경향신문》, 2008.3.31.)

또한 오늘날 자식은 중산층 부모가 가진 상징 자본을 보족·완성하는 수단이다. 많이 배우고 잘사는 부모에게 공부 못하는 자식은 실로 큰 '쪽팔림'이다. 우리가 평생 지고 살아야 할 콤플렉스는 바로 가족들이 심어 준다. 한편 한국의 노인들은 나이

들어 돈이 없으면 '효'를 받기가 불가능하다는 것을 깨닫는다. 그들은 외롭다. 한 연구가 이를 실증해 보여 줬다. 서양 나라들과 직접 비교해 봐도 노인 부모를 찾는 이유가 돈 때문이라는 사실은 한국에서 가장 뚜렷하다.(「동방불효지국? 부모 '돈' 없으면 자식 발길 뚝」,《경향신문》, 2007.12.10.) 따라서 한국에서 가족 사랑과 '효'는 매우 절망적인 구호인 것이다. 이 구호는 한국 사회에 최소한의 사회 안전망과 복지가 부재함을, 또는 이 사회가 사인(私人)들의 경쟁과 적대로 가득한 야만적 정글임을 역설로써 보여 준다.

이런 사실은 각각 다른 방식으로, 그리고 모든 세대에게 한국식 중산층 가족주의가 개인을 보호하기는커녕 윤리적 파탄과 인간적 파멸의 중대한 원인 제공자임을 알 수 있게 한다. 이는 물론 특정한 계급 계층에 국한된 일도 아니다. 그것을 잘 알기 때문에 중산층은 '험한 세상'으로부터 제 새끼를 보호하기 위해 안간힘을 쓴다. 그 주요한 방법은 더욱 단단한 이기적 울타리를 치는 것이다. 그러나 그것은 불가능하며 또 다른 악순환을 부른다. '험한 세상' 자체가 그들로부

터, 그들이 치는 이기적인 울타리로부터 비롯되었기 때문이다.

일찍이 어떤 사학자는 '민족주의는 반역이다.'라고 외쳤지만, 오늘날 우리는 가족주의는 범죄다, 라고 말해야 한다. 가족주의는 민족주의의 경우처럼, 절박한 가난과 핍박에 처해 있는 경우가 아니면 주장될 수 없다. 아니, 중산층 가족주의는 아래로부터 전복되어야 할 필요가 있다. 그것은 한부모 가족과 이주 노동자 가족 같은 비주류 가족들, 그리고 가난한 여성과 미혼모와 성소수자에 대한 폭력이기 때문에도 그렇다. 또한 그것은 계급 불평등을 재생산하는 중요한 엔진으로 작동한다. 교육 구조가 잘못됐다고 말하면서 동시에 가족의 가치가 소중하다고 말하는 것은 오늘날 한국에서 완전한 모순이다.

그럼에도 이런 문제들은 이야기되지 않는다. 이제 아이를 한참 키우고 있는, 그리고 중산층의 새로운 중핵을 이뤄 가고 있는 386세대가 그 문제를 토론해야 한다. 그래서 뭔가 달라져야 한다. 그러나 별로 희망이 없어 보인다. 386세대도 아이를 어떻게 키울 것인가의 문제를 남들과 공유하지 않

는다. '내 자식은 내 손으로, 내 뜻대로.' 그것은 가족이 완전히 경계 지어진 울타리이며, 사적 영역이라는 착각 때문에 그러하다. 그리고 결정적으로 자식을 비롯한 가족을 마치 소유물처럼 간주하기 때문이다. 오늘날 이 토론의 부재는 사교육 열풍이 강요하는 엄청난, 자식뿐 아니라 30~40대 아비어미에게마저 강요되는 고통으로 현상된다.

그것은 사랑이 아니다

그러나 우리는 한국 가족의 현실에서 좀더 나아가야겠다. 그래서 우리가 믿는 상식적인 가족과 연애의 제도에 대해 한번 근본적으로 회의해 봐야 한다. 사랑과 가족이 인간으로서 가능한 다양한 삶과 다른 인간들을 위한 실천을 결정적으로 제한한다는 점을 상기할 필요가 있다. 즉 그것은 '사랑'의 이름으로 인간을 제약하고 모순으로 가득 찬 사회에 복종하게 만든다. '낭만적 연애'와 '스위트홈'은 부르주아적 삶에의 강력한 지지대이며 부정과 불의를 정당화하고 지배를 유지하는 데 기능한다. 인간은 애인과 가족 때문에 고통 받는 미성숙한

동물로 살아간다. 따라서 그것은 사랑이 아니다.

유아적 상처와 프티 부르주아적 삶을 넘어 자유롭게 교호하고 진정으로 남/녀/들/과 연대하는 인간이 되고 싶다. 그러나 왜 우리는 가족주의의 악몽을 끝장내지 못할까? 왜 배타적 이성애만 '진정한 사랑'이라 믿을까?

우선 가장 큰 근본적 난점은 평범한 인간들의 90퍼센트가 최고의 '애착'과 최상의 친밀성을 얻을 수 있는 데가 '애인'과 부모(≒가족)밖에 없다(고 믿)는 데 있다. '애착'이 곧 상처의 기원이라는 것을 알면서도 애착으로부터 자유로운 인간으로 살기도 무척 어렵기 때문일 것이다. 그래서 필요한 것은 제도가 변화하는 것이고 그것을 위해 싸우는 일이다. 할 일이 여러 가지겠지만, 여기서는 우리 자신과 관련된 두 가지를 말해 보려 한다. 첫째, 다르게 사랑하는 것, 다시 말해 연인과 가족에 대한 어쩔 수 없는 우리의 사랑을 좀 다른 것으로 바꾸는 것이다. 사랑을 소유로부터, 또 연애를 가족주의의 상상력으로부터 떼 놓는 것이다. 둘째, 그것을 위해 필요한 기초적 작

업은 '내 욕망을 잘 알기'이며 협상하는 것이다. 서로 다른 취향과 욕망을 가진 타인들과 협상하여 사랑을 끝장내지 않고, 사랑 때문에 파멸하지 않고, 오래 지속 가능한 인간적 연대의 원리(=사랑)로 승화시키는 것이다.

2. 가족주의를 복사하는 연애는 버려라

인사 청문회 때 아내의 땅과 딸의 건물 때문에 추궁당하자 눈물을 흘린 장관을 기억하시는지? 중산층 가족주의의 역겨운 점은 그것이 자본주의와 철저히 병행하는 것이면서도 마치 자본주의적 관계로부터 무관한 듯한 외관을 갖고 있다는 점이다. 그 핵심은 사랑과 소유를 혼동하게 하는 것이다. 그 소유는 또한 독점이다. 독점이라는 경제학적 용어는 (사실 다분히 폭력성을 띨) '사랑(주로 이성애)'에 내재한 '소유'의 속성을 더 강하게 표현한다. 즉 이는 '영원한 사랑'과 '나만의 사랑'에 조응한다. 원래 독점을 원하는 것은 대자본이며 제국주의다. 마초인 제국이야말로 여성인 식민지를 정말 순전하게 독점하기를 원했다. 또한 독점을 원하는 것은 가부장이다. 가부장들은 가족 내부

에 포괄된 모든 성원들이 탈성화된 채 독점되기를 바란다. 물론 그 핵심은 여성(즉 아내)을 탈성화하려는 욕망이다. 가부장의 독점욕 앞에서 아내는 오로지 남편에게만 성을 가진 존재가 되고, 그 성도 가정 바깥을 환기하는 강도의 것이어서는 곤란하다. '아내'는 거리의 여자와는 다른 체위, 다른 오르가슴 표현 방식을 가져야 한다. 여성이 좀 더 온전한 성적 주체가 될수록 일부일처제는 위협받는다. 일부일처제를 좋아하고 탈성화된 '어머니'를 민족과 동일시하게 한 것은 박정희와 히틀러들 같은 '강한 국가', 그리고 기독교의 일부 분파들이다.

문제는 연애가 가족주의를 흉내 내고 복사한다는 데 있다. '내 여자', '내 남자' 운운하는 드라마나 노래 가사처럼 역겨운 것이 있을까? 철없는 남자 아이가 "너라고 말할게…… 결국 누난 내 여자니까"라고 외치자, 철든 여인네들도 열광한다. 물론 연상녀-연하남 커플은 한국의 젠더 관계가 일부나마 변하고 있음을 실증하는 증거이다. 그 새로운 트렌드는 한국의 남녀 양자가 처한 역할 곤경 때문에 만들어지는 도피처임에 분명하다. 하지만 그것은 크게 새롭지 않다. 남자에게 여자는 소유의 대상이자 '사냥감'이며, 동시에 만족시켜 줘야 할 어떤 고지와 같은 것이다. 연상의 여자는 그래서 특히 매력이 있다. 좀 어렵다고 느껴지기 때문이다. '내 여자'는 이를 위한 기표이다. 한편 연상녀는 연하남에게서 자식을 키울 때 발휘되는 여성성을 맛보려 한다. 그들은 기꺼이 '내 여자'로 남으려 한다. 연상녀-연하남 커플은 변형된 자본주의적 교환 형식이다.

소유와 사랑을 혼동하는 '내 남자', '내 여자'는 가족주의와 배타적 이성애를 방어하고자 하는 소극적 표상이기도 하다. 독점되는 내 여자, 남자가 점점 사라지고 소유로서의 사랑은 이제 일각에서 공격받고 있기 때문이다. 그래서 한편에서는 독점에 대한 욕망이 더욱 강렬하게 피어오른다. 그러나 독점욕은 사랑이 아니다. 내 남(여)자만을 갖고 싶고 지키고 싶은 욕망은 유아적인 것이지 성숙한 사랑의 규범이 될 수 없다. 당신의 연인이 진정 당신에게 독점되는 것을 원할까? 물론 당신도 독점욕을 버려야 하겠다. 상대방이 원하지 않는데도 독점을 하려 하는 것이 결국 사랑의 본질을 흐리거나, 사랑을 끝장내게 할 수도 있다. 사랑으로부터 독점욕을 떼어 내야 한다. 누군가의 완전한 '나만의 남자(여자)'가 되기를 바란다면 그(또는 나)로부터 비롯되는 굴종과 폭력을 감당해야 한다. 독점은 억압과 폭력 없이 성립되지 않는다.

독점욕의 자연적 상태는 '질투'일 테다. 이때 문제는 좀 다른 것이 된다. 질투는 거의 모든 형태의 사랑에 결부되어 있으며, 그보다 더 근저적인 인정 욕망에도 걸쳐 있다. 그래서 이도 개인이 '알아서' 해결해야 할 문제 같지만, 질투 문제 또한 제도화되어 있다. 간통죄 같은 게 존재한다는 사실이 이를 증명한다. 이는 한국의 '개인'들이 아직 온전한 개인이 아니라는 걸 보여 주는 듯하다. 질투와 일부일처제의 도덕은 서로 다른 차원의 것임에도 불구하고, 주로 가부장 국가와 기독교는 일부일처제의 운영을 위해 질투를 영토화한다. 질투는 일부일처제를 자연화한다. 질투와 독점욕의 경계는 구체적인 실제적 제도와 억압의 유무이다. 우리는 질투를 어쩔 수 없지만, 그것을 폭력과 스토킹으로부터, 또한 제도에 의해 훈육된 감성으로부터 분리해야 한다.

김수현 드라마「내 남자의 여자」의 어떤 언니(하유미 분)는 바람 피우는 남편을 둔 동생을 위해 대신 '복수'를 한다. 이러한 '언니'를 보며, 여성 시청자들은 '나도 그런 언니가 있었으면 좋겠다'고 생각했고 그 탤런트는 '국민 언니'가 되기까지 했다. 이는 한국식 일부일처제가 얼마나 '국민적'인 제도인지를 잘 보여 주는 한편, 한국 사회에서는 아직도 가족의 가치가 개인을 압도하고 있다는 것을 보여 준다.

이 '국민 언니'는 중산층이며 시간이 많은 전업 주부이다. 이 언니의 적들은 매매춘 여성을 비롯한 각종 '꼬리 치는 년들'이다. 그들의 잠재적 우군은 모순적이게도 가부장제로부터 가장 큰 억압을 당하는 가난한 여성들이다. 중산층 일부일처제의 수호자인 이 언니들은 나이가 들면서 가족 내에서 더 큰 권력을 가진다. 그러나 그녀들은 연애의 가능성을 빼앗기고 탈성화된다. 그래서 그들은 점점 더 철저한 일부일처주의자로서 행동하며, 또한 정상 가족의 더 강력한 수호자가 된다. 그들이 할 일이란 오로지 자식을 경쟁에서 승리하게 만드는 일이나, 자식이 골라 온 배우자 후보에 반대하는 일밖에 없다. 가족을 수호하기 위해서이다. 그들은 가부장제의 피해자였다는 바로 그 이유 때문에, 가부장제의 가장 강력한 공모자가 된다.

물론 이 문제의 저변에는 바람 피우는 남편을 둔 '착한 여자'들이 스스로 문제를 해결할 능력을 갖고 있지 않고, 그래서 언니 같은 존재들('여성 내부의 연대'가 무엇인지 알 길은 없지만)의 도움을 받아야 한다는 '절박한' 인식이 있을지도 모른다. 그러나, 바람난 남편을 응징하기 위해 언니뿐만 아니라 부모와 친정 식구가 다 동원되어도 괜찮다고 생각하는 여성들은 결혼한 후에도 진정한 '개인(person)'이 되지 못하고 성인도 아니다. 차라리 문제를 법정에 가져가는「사랑과 전쟁」이 성숙한 것이다.

연애에 대한 가족의 음모
수없이 많은, 그러나 거의 무가치한 연애 일반론이 세상에 존재한다. 연애를 시작하는 남녀는 '남성의 심리'와 '여성의 심리' 때문에 전전긍긍한다. 그러나 그것들은 무가치할 뿐 아니라 폭력적이다. 우리를 지배 이데올로기와 관습적 인식에 가두려고 하기 때문이다. 또한 테스토스테론과 에스트로겐으로 인간을 환원하는 생물학적 폭력도 있다. 차라리 그보다는 별자리 심리학이나 사주팔자가 과학적이다. 동성애자뿐 아니라 이성애자들 속에도 많은 인간-종들이 있기 때문이다.

프랑스 남자의 47퍼센트, 미국 남자의 47퍼센트, 프랑스 여자의 28퍼센트, 여자의 25퍼센트는 배우자가 다른 사람과 성관계를 가진 사실을 알아도 용서할 용의가 있다고 한다. 독일인은 평생 13명의 섹스 파트너를 가지고 이탈리아인은 10.3명을 가진다고 한다. 그러나 한국의 구세대 여성의 상당수는 평생 1명하고만 관계해 왔다. 그것은 행인가, 불행인가? 대신 한국에서는 수없이 많은 여성이 매매춘을 하며 생계를 유지한다. 서구의 젊은이들은 평균 18세에 첫 성관계를 갖는다.(《헤럴드 경제》, 2007.7.28.) 한국은? 평균적으로는 상당히 늦을 것이다. 그러나 대신 한국의 많은 여중고생이 성폭력을 당하거나 원조교제에 나선다. 또 그보다 더 많은 20대 여성은 낙태를 경험한다. 어떤 사람은 평생 선교사 체위(정상위)만 하고 살지만, 어떤 사람에게는 채찍과 밧줄이 필요하다. 어떤 사람은 1 대 2도 좋다고 생각하고 어떤 사람은 자위만으로도 잘 살아간다. 형사 범죄의 범위에 든 것을 제외하고 그 모두는 문화의 결과로서 인정되어야 한다. 인간적 한계나 '변태'는 없다. 그들은 모두 '정상'이다.

그런데 한국의 가족주의는 마치 이 모두가 없는 일인 것처럼 꾸며 댄다. 다른 모든 것들을 '변태'로 만들어 자기의 좁은 울타리를 지키려 한다. 수없이 많은 '연애' 일반론을 정당화하는 배후에 가족주의가 있다. 남편과 아내의 '도리'는 연애에서도 반복된다. 미숙한 연애는 상대방의 소중함을 가족에 투사하는 방법으로만 이해한다. 연인은 가족이 아니라 동등한 '인간'이자 일종의 '친구'여야 한다.

3. 사랑의 지속을 위하여

내 상처와 욕망 일기

진로를 선택할 때만큼 연애에서도 자신이 누구인지 잘 아는 것이 중요하다. 수없이 많은 청소년과 대학생이 막연한 사회 의식과 부모의 강요에 따라 인생을 결정한다.

그것이 부모의 생각인지 제 생각인지도 구별하지 못한다. 자신의 능력이 무엇인지, 내 인정 욕망의 성격과 강도가 무엇인지를 모르면서, 막연한 열등감과 부화뇌동의 분위기에 휩쓸려 가는 인생처럼 불행한 것이 또 있을까? 연애와 결혼에서도 마찬가지이다. 자신이 누구인지도 모르면서 배타적 이성애를 선동하는 사회적 분위기 때문에 우리는 연애한다. 결혼에 관한 주변의 '압력'은 이보다 훨씬 더 무서운 것이다. 결혼이 가져다줄 엄청난 삶의 변화를 예측하지 못한 채, '한 사람만을 사랑하겠노라' 맹세한다. 그리고 어찌어찌하다 생긴 아이를 남들의 기준에 맞춰 키우려고 애를 쓴다. 이보다 더 무책임한 일이 어디 있을까? 이런 가운데에서도 위대한 사랑의 진리를 발견하고 지혜롭고 성숙한 인간의 역할을 해내는 사람들도 많다. 그러나 한국의 연애 문화와 가족 제도는 어떤 한계에 다다른 듯하다.

나를-잘-알기의 목적은 단 하나다. 가족의 이데올로기로부터 나의 사랑을 독립시켜 사랑을 온전하게 하기 위한 것이다. 그 내용은, 자신의 성정체성과 취향과 진화된

결과를 아는 것. 내가 동성애자인지 이성애자인지 아는 것. 대략 몇 명의 상대가 얼마 동안의 기간에 필요한지를 꼼꼼히 세 보는 것. 보노보가 나의 조상인지 침팬지가 우리 가문인지 파악하는 것.

그리고 그보다 더 중요한 일은 아버지와 가족이 나에게 심어 놓은 성적 무의식과 고통스러운 트라우마들을 아는 것이다. 그들은 기본적으로 우리에게 배타적 이성애만이 진리임을 폭력적으로 가르쳤을 것이며, 소유와 사랑을 구별할 수 있는 뇌신경을 망가뜨려 놓았을 것이다. 그것은 자본주의와 한국 사회로부터 왔으며, 보노보나 침팬지에게서 받은 것보다 1만 배는 더 강하다. 또한 억압적인 아버지를 위시한 가족들은 어떤 개별적인 작용을 반복함으로써 우리 뇌와 감정으로 하여금 고치기 어려운 특수한 오작동을 하게 만들어 놓았을 것이다. 그래서 우리는 연애나 성적 관계에서 자기 자신과 타인에 대해 파멸적으로 행동하곤 할 것이다. 따라서 그런 과거와 잠재된 기억과 나의 취향과 행동 양식을 세밀히 아는 것은 무조건 중요하다.

자신이 누구인지, 어떤 성적 주체인지를 아

는 건 어려운 일이 아니지만 문제가 있긴 하다. 우선 꽤나 시간이 걸릴 수 있다는 사실. 많은 경험과 실천이 필요하며, 성찰할 능력이 필요하다. 여성 잡지의 연애 심리 코너나 별자리별 성향 테스트나, 분명히 우리보다 이 문제에 있어 더 찌질할 친구는 상담의 대상이 아니다. 정리할 능력이 부족하다 느끼면 전문가와 상담해야 한다.

협상하라, 파멸하지 말고

그러나 나를 잘 아는 것만으로는 불충분하다. 나도 모르게 내 '이성'을 배신하는 사랑의 순간들이 닥치기 때문이다. 그것이 욕망인지 사랑인지, 주관의 착각인지는 구별하기 어렵다. 그렇지만 이는 비교적 작은 문제이다. 또 내가 어떤 인간인지 알아도, 그래서 지금과 같은 방식의 삶이 나에겐 안 맞는다는 걸 알아도, 그 굴레에서 벗어나기 힘든 인간들도 있다. 그러니 더 큰 문제는 연애가 그런 사람들이 두 명 이상 모여서 하는 일이라는 점이다.

다시 말해, 우리가 '기존의' 결혼제와 배타적 이성애에 정향된 인간들에게 포위되어 있다는 점이 오히려 충실한 사랑('자유'로서

의 사랑)을 결정적으로 구속한다.(특히 여성들에게 이 구속은 심각할 것이다.) 물론 여성들이 더 많이 배타적 일대일의 관계에 목숨을 거는 이유는 그들이 계속해서 사회 경제적 약자로 머물러 있어야 된다는 단순 명쾌한 이유 때문이다. 예외적인 경우가 아니면 아무리 똑똑한 여성이라도 직장과 학교에서의 지위가 불안하고 그들조차 신데렐라 콤플렉스를 이기기는 어렵다. 아포리아는 일부일처제에 더 목매는 것이 여성들 자신이기 때문에 발생한다. 여러 수컷 중에서 가장 능력 있는 단 한 마리만을 고르는 (골라야 하는) 권위를 지닌 인간-여성이 그 한 명의 배우자에게 더 집착한다. 그들이 사회 경제적으로 더 불리하고 약한 존재들이고 일부일처의 결혼 제도는, (특히 중산층) 여성들에게, 보호막처럼 여겨지기 때문일 것이다.

그러나 한국의 남성들은 끊임없이 성을 사기 위해 뛰어다닌다. 일부일처제의 강력한 적군인 많은 가난한 젊은 여성들은 오늘도 성매매에 나서고 있다. 성매매는 실로 다양한 역설적 기능을 갖고 있다. 마치 만연한 불륜이 오늘날 일부일처제의 낭만적(?) 보

완물이듯, 성매매는 한국식 일부일처제에 대한 처절하고도 드라마틱한 경제학적 보완물이다. 그렇기 때문에 오늘의 가족 모순이 유지되는 한, 성매매는 결코 줄어들지 않을 것이다. 흥미롭게도, 한국의 성노동자들은 성관계를 맺는 일을 두고 흔히 '연애한다'고 표현한다고 한다. 그들은 우리의 숨겨진 가족들인 것이다.

한편, 남성 중심 사회의 남자들에게 여성은 중요한 소유물의 하나이기 때문에, '자기 것'을 빼앗긴다는 것은 참을 수 없는 일이다. 남성에게 '오쟁이를 지는 일'은 인생 최고의 모욕이다. 그러나 「아내가 결혼했다」, 「아내의 애인을 만나다」, 「처용의 도적」, 「경축! 우리 사랑」에서처럼 일처다부, 다처다부의 상상력이 확산되고 있다. '오쟁이를 지는 일'에 공정하고도 지혜롭게 대처하는 처용의 후손들도 늘어났다. 그러나 남성들 중에는 하급 동물에 노골적으로 가까운 존재가 더욱 많다. 그들과는 대화나 협상이 불가능할 수도 있다. 「발리에서 생긴 일」의 주인공들은 유치하기 이를 데 없는 부르주아의 아들 때문에 모두 죽었다. 그 파멸은 사랑의 좌절이 아니라, 침해당한 독점욕

권력욕의 보복에 기인한 것이었다.

협상이 불가능한 상대와는 헤어져야 한다. 또는 상담이나 치료를 받게 해야 한다. 또 우리 스스로는 새로운 가족과 사랑의 윤리를 말하는 「경축! 우리 사랑」과 같은 서사의 주인공처럼 깊은 내공과 협상력을 갖추기 위해 노력해야 한다. 살아가는 일에 비하면 연애는 아무것도 아니다.

자유롭게 남/녀/들/과 연애하자. 그런데 진정한 자유에 대한 내 추구는 타인의 상처나 파멸로 연결될 수 있다는 점, 즉 그것이 윤리적 문제를 야기한다는 점은 최소한의 성찰이어야 한다.

그러나 그때부터 사랑은 시작이다. 필요한 것은 협상과 조정이다. 바로 그러하기에 한 사람과 오래 만나는 일은 우리를 인간으로서 성숙시킬 수 있다. 그것은 위대한 일이다. 하지만 그것이 굴종과 억압으로써 이뤄진 것이라면 곤란하다. 그래서 '한 남자(여자)'가 아니라 여러 동등한 남자(여자) 친구들이 더 필요할지 모른다. 사랑은 연대여야 한다. 오래 오래, 넓게 넓게 연대하자.

유아적 상처와
프티 부르주아적 삶을 넘어
자유롭게 교호하고
진정으로 남/녀/들/과 연대
하는 인간이 되고 싶다.
그러나 왜 우리는
가족주의의 악몽을
끝장내지 못할까?
왜 배타적 이성애만
'진정한 사랑'이라 믿을까?

천정환 // heutekom@naver.com

문화연구자. 성균관대 국문학과 교수. 대중문화와 지식의 현대적 변화에 관심을 가지고 있다. 『근대의 책 읽기』, 『끝나지 않는 신드롬』, 『대중지성의 시대』 등의 책을 썼다.

엘리자베트 벡-게른스하임 강연회 참관기

이영아

2008년 4월 서울대학교에서 독일의 유명 사회학자인 엘리자베트 벡-게른스하임(Elizabeth Beck-Gernsheim)의 공개 강연이 열렸다. '위험사회'론자인 울리히 벡(Ulrich Beck)의 아내이기도 한 그녀는 사랑과 결혼, 가족 문제 연구서로 유명한 『사랑은 지독한, 그러나 너무나 정상적인, 혼란』을 남편과 함께 집필했다.

특히 이번 《소문》 2호의 기획 테마를 '연애'로 정할 때 『사랑은 지독한 혼란』과 같은 책은 많은 시사점을 제공했다.(그 외에도 『내 모든 사랑을 아이에게』, 『가족 이후에 무엇이 오나』 등 그녀의 저술은 사회학과 여성학 분야에서 자주 참조되는 연구서로 꼽히고 있다. 그녀는 후기 근대 사회의 가족의 변화 과정을 사회 구성원(특히 여성)의 개인화 과정에 따른 사랑과 결혼, 자녀에 대한 태도 변화 문제와 관련지어 설명한다.) 이 책은 사랑과 결혼 문제에서 발생하는 '혼란'에 대해, 개별 사랑-결혼의 주체인 '당사자'들(부부)이 때로는 한 목소리로, 때로는 약간의 불협화음을 내며 기술한 책이다. 그들은 분명 저술로 '이론화', '일반화'하기 위한 최초의 '문제의식'을 자신들 내부에서 찾았을 텐데, "도대체 무엇이 이들에게는 '혼란'이었을까? 이들 부부는 어떻게 그 '혼란'을 극복하거나 받아들였을까?"라는 궁금증을 안고 엘리자베트의 '사랑과 가족에 대한 성찰(Reflection on Love and Family: How Globalization and Individualization are Changing our Personal Lives?)'의 강연장으로 향했다.

1. 결혼과 일

축사를 맡았던 심영희 교수가 엘리자베트를 소개했다. 그녀는 뮌헨 대학교에서 공부를 했는데, 박사 후 과정을 마치는 데 무려

14년이나 걸렸다고 했다.(1973년 박사 학위를 취득하고, 1987년에 박사 후 과정을 마쳤다.) 울리히와 엘리자베트는 뮌헨 대학교 사회학과의 일명 'CCC(캠퍼스 클래스 커플)'였는데 부부가 모두 그곳에서 교수를 할 수는 없었기 때문에 일과 결혼 생활 사이에서 '고민'을 하다 보니 14년이나 걸렸다는 것이었다. 바로 이 지점에 그들이 겪은 '사랑'의 '혼란'의 단초가 숨어 있는 듯했다. 이것은 책에서 자주 반복되는 언급 중 하나이자, 한국에서는 그다지 심각하게 여겨지지 않아 잘 와 닿지 않았던 '문제' 하나를 이해할 수 있게 해 주는 말이기도 했다.

"노동 시장의 요구와 온갖 종류의 (가족, 결혼, 어머니 되기, 아버지 되기 또는 우정) 인간관계의 요구 사이의 모순 말이다. 노동 시장이 이상적으로 제시하는 이미지는 이렇다. 스스로를 하나의 유연한 기능 단위로 바꿔 언제라도 이동 가능한, 경쟁적이며 야심만만하며 따라서 자기의 존재나 정체성에 관련된 사회적 헌신들을 기꺼이 무시할 준비가 되어 있는 개인이 그것이다. 다시 말해 한시라도 직업상의 요구에 응할 준비가 되어 있는 이 완벽한 직장인은 필요하다면

언제라도 이사 갈 준비가 되어 있어야 한다."(『사랑은 지독한 혼란』)

한국 사회에서는 노동 시장에 순응하기 위한 '이동성'의 문제가 그리 크지 않다. 일단 땅덩어리가 좁고, 대부분의 일자리가 수도권에 집중되어 있기 때문에, 결혼 후에도 직장을 위해 '대대적'인 이사를 해야 하는 경우는 많지 않다. 그런데 '벡' 부부는 같은 대학, 같은 학과에서 공부한 사람들임에도, 직장과 관련한 '이동' 문제 때문에 아마도 엘리자베트 쪽이 여러 가지 '양보'를 했던 게 아닌가 한다. 그 양보의 흔적이 14년의 기나긴 박사 후 과정인 것은 아닐까.(울리히는 1979년부터 뮌스터 대학교(독일 서부)에서 교수직을 시작했고, 1981~1992년에는 밤베르크 대학교(독일 남부)에, 1992년부터는 모교인 뮌헨 대학교(남부)에 재직했다. 한편 엘리자베트는 박사 후 과정을 마친 뒤 1993~1994년에는 함부르크 대학교(북부)에 재직하다가 1994년부터 다시 바이에른 주의 에어랑겐-뉘른베르크 대학(남부)으로 옮겼다. 즉 울리히는 엘리자베트가 박사 후 과정을 마치기 8년 전에 이미 교수로 임용되었고, 그로 인해 그들 가족이 그때까지 생활했을 바이에른 주에서 독일 서부로 이사해야 하는 상황에

처했을 것이다. 아마도 이때 엘리자베트가 '양보'를 했을 것이고, 이 때문에 그녀가 박사 후 과정을 마치는 데 14년이라는 시간이 필요하게 되지 않았을까 싶다.)

2. 나는 페미니스트가 아니다

강연에서 엘리자베트가 맨 처음 한 이야기는 자신이 받았던 질문, "당신은 페미니스트인가?"에 대한 것이었다. 그녀는 한국에서 만난 학자들로부터 페미니스트냐는 질문을 받았을 때 뭐라고 대답해야 할지 조금 고민을 했다고 한다. 왜냐하면 독일에선 페미니스트라고 하면 책이 안 팔릴 뿐 아니라 페미니스트가 쓴 책이라면, 그 책을 통해 '많은' 사람들이 행복하진 않을 거라고 생각할 가능성이 있기 때문에 그렇게 말하고 싶지 않다는 것이었다. 아마도 페미니스트라는 말은 곧 여성을 옹호하는 한편 남성과 적대 관계를 맺는다는 것을 의미한다고 생각되기 때문인 듯했다. 그녀가 책에서 사랑에서의 '협상'이 중요하다고 주장하는 것처럼, 남성과 여성이 경쟁이나 적대 관계를 맺기보다는 함께 조정하고 협상해서 그들 모두에게 주어진 문제를 해결하고

상생해야 한다고 강조하고 싶은 게 아닐까. 물론 페미니스트라는 말에 그런 식의 '낙인'을 찍는 것이 올바른 것인가의 문제에 대해서는 또 다른, 진지하고 심층적인 토론이 필요할 것이다. 어쨌거나 이 독일의 여성 학자는 자신이 여성'만'의 행복을 위해 책을 쓰거나 연구를 하는 사람으로 비치는 것이 싫은 모양이었다.

이러한 전제하에 엘리자베트는 본격적으로 강연을 시작했다. 강연의 내용은 그동안 그녀가 저술에서 논의한 것과 맥을 같이하였는데, 이를 그중에서 가장 눈에 띄는 몇 가지 용어들을 중심으로 소개하자면 다음과 같다.

가족 이후의 가족(post-family family)

1950~1960년대의 서구 산업 사회에서는 결혼, 가족에 큰 가치를 두었으나, 그 이후 전통적 사회 구조에 대한 강한 저항과 함께 학생 운동이나 여성 운동이 활발해지면서부터는 가족을 일상의 폭력과 억압의 이데올로기이자 감옥으로 여기게 되었다. 그러나 다른 한편으로 중산층은 여전히 가족을 사랑이 없는 세계(heartless world) 속

의 유일한 구원이라고 여기고 있다. 그러면서 가족이 어떻게 묘사되어야 하며, 정상/비정상 가족을 구분하는 기준은 무엇인지, 국가는 가족을 어떤 방식으로 인정하고 지원해야 하는지 등에 대한 질문이 제기되었다. 이를 통해 21세기에는 가족의 문제에 대한 새로운 담론과 논쟁이 일어나고 있다. 그러나 전통 가족의 붕괴냐 고수냐와 같은 흑백 논리는 적절치 않으며, 그 중간 단계, 그 내외부의 틈새들에 주목할 필요가 있다. 그리고 그 속의 '다양성'과 '새로움'을 인정해야 한다. 이러한 '새로운' 가족을 엘리자베트는 '가족 이후의 가족'이라고 명명했다.

개별화(individualization)

'가족 이후의 가족'에서 가장 중요한 개념은 '개별화'이다. 새로운 가족은 가족 구성원을 개별화시켰다. 개별화란 인간이 전통적 삶에 대해 의문을 제기하거나 이를 타파하려는 것으로서, 결혼과 가족을 구성하는 과정에서 개인 스스로의 판단과 선택이 가장 중요해짐을 말한다. 즉 '자신이 스스로 자신의 일대기를 쓰는 것'이다. 이것은 가족 구성원이 모두 동일한 목표를 가지고

노동과 경제 단위를 구성하던 전통적 가족 구성 방식과의 차별화를 요구한다.

전통적 가족에서는 사랑이라는 감정이 가족을 유지해야 하는 우선적인 이유가 될 수 없었다. 그들은 농사·목축 등 가계의 생업을 이어 가는 일종의 경제 공동체로 맺어져 있었기 때문에, 사랑해서가 아니라 먹고살기 위해 자신에게 주어진 역할에 충실해야 했다. 그렇기 때문에 전통 가족은 가족 구성원들에게 무조건적 희생과 복종을 강요했다.

그러나 근대 사회의 산업화, 복지 국가 제도, 여성의 교육 기획 확대와 취업률 상승 등에 의해 삶에 변화가 일어나면서 가족은 이제 무조건 개인의 삶을 맞춰 가야 하는 공동체가 아니라 그 안에서 개인의 자발적 '선택'이 가능한 모임으로 성격이 바뀌었다. 산업화로 인해 공·사 영역이 분리되면서 가정은 전통적 가계의 생업과는 무관한 개인적 공간으로 변화했다. 그리고 국가의 경제 부양책과 개인에 대한 보호 장치들이 만들어지면서 가족에 대한 개인의 의존도가 낮아졌다. 또한 여성들이 받는 교육 정도가 높아지고 그들의 노동 시장 진출이

활발해지면서, 여성이 남성에게만 의존하지 않고 스스로 자립하는 것이 가능해지고 가족 내에서 가부장 남성이 가지는 권한이 제한되게 되었다. 그리하여 결혼과 이혼이 '선택'의 문제가 되었고 가족 구성원은 '개별화'되었다.

이와 같은 개별화를 통해 오늘날 개인들은 삶을 영위하는 자신만의 규칙과 스케줄, 그리고 활동 반경, 목표, 일터를 갖게 되었지만, 이것은 가족 구성원 사이에서 충돌을 야기하였다. 가족이 유지되기 위해서는 구성원들 간의 협력과 희생이 요구되는데, 구성원 각자의 삶의 방향이 서로 너무 달라 그것이 쉽지 않아졌기 때문이다. 이 때문에 가족 구성원 사이의 형평성 문제와 '리스크'가 발생하며, 규칙적이고 조화로운 가정 생활을 유지해 나가는 것이 과거보다 더욱 어려워졌다. 여기서 필요한 것이 가족 내부에서 지속적으로 결정을 수립하고 수정하는 과정이며, 이러한 조정 역할을 담당하는 것은 대부분 여성이다.

패치워크 가족(Patchwork families)

한편 오늘날에는 증가하는 이혼 및 재혼율에 의해 또 다른 생활을 시작하는 가족도 점점 늘어나고 있다. 이 과정에서 두 가족, 혹은 그 이상의 다양한 가족들이 새롭게 구성한 가족을 엘리자베트는 '패치워크 가족'이라 명명했다. 이러한 가족 형태 속에는 자녀의 양육 방식, 거주지, 재산 분할 등과 관련해 큰 갈등과 다양한 변수들이 존재한다. 그리고 서로 다른 가치관, 규칙, 일상, 심지어 가족에 대한 서로 다른 감정과 기억을 가진 구성원들 사이의 의견 충돌, 갈등이 일어난다. 또한 도대체 어디까지가 나의 가족인가, 누가 나의 가족인가에 대한 정의가 쉽지 않아진다. 누가 가족 구성원인가에 대해 남편, 아내뿐 아니라 자녀들 사이에서도 이견이 있을 수 있으며, 따라서 가족은 유동적이고 불확실한 조직이 될 수 있다. 그래서 패치워크 가족에게도 가장 중요한 것은 타협과 합의인데, 이 과정에서 가족을 재정의하고 가족 관계를 유지하는 근거는 개인적 선호도, 감정일 것이다. 그리하여 가족이란 과거에 정의된 대로 당연시되는 어떤 것이 아니라 개별적인 선택과 선호, 감정에 의해 다양하고 복잡해질 수 있다.

가족, 그 정상적인 '혼란'

그러므로 우리는 이제 '가족 이후의 가족'을 위해 가족 구성원들 사이의 서로 다른 시나리오를 맞추는 데에 많은 노력을 기울여야 한다. 그렇다고 해서 가족이 사라지는 것은 아니다. 오히려 사람들은 '진정한 가족'을 계속해서 추구해 나간다. 사회와 개인이 개별화되면서 개인들은 각박한 사회 현실로부터 자신을 구원해 줄 안식처로서의 가족을 더 크게 기대하게 되고 더 긴밀하고 친밀한 관계로서의 가족을 원하게 되기 때문이다. 다만 이러한 결속 관계는 과거와 같이 무조건적 의무감으로 유지되지 않으며 영속성을 보장해 주지도 않는다. 즉 과거와는 다른 방식으로, '정상적인 혼란'을 겪으며, 새로운 가족은 앞으로도 계속 만들어질 것이다.

3. 아쉬움과 가능성

그녀의 강연을 들으면서, 어떤 부분에서는 동의하게 되고 어떤 부분에서는 아쉬움과 의문이 생기기도 했다. 시대의 변화에 따라 가족의 역할과 성격이 달라져야 한다는 그녀의 의견에는 전적으로 동의하며, 그녀가 제안한 '패치워크 가족'이라는 개념은 매우 흥미롭다고 생각했다. 결혼, 이혼, 재혼이 여러 번 반복되고, 그 안에서 자녀들이 생겨남으로써 가족이 그야말로 조각보처럼 이리저리 새롭게 기워진다는 것, 그야말로 '가족 이후의 가족'이라 할 만하다.

다만 그녀가 '가족'을 '결혼'이라는 제도에 국한된 구성 방식으로만 논의하고 있다는 점은 아쉬웠다. 패치워크 가족의 범위는 그렇게 새롭게 기워진 조각 속에서도 다시 결혼에 의해 맺어진 혈연에 따라 지도를 만들어 갈 수 있는 구성원에 국한된다. 좀 더 다양하고 자유로운 가족, 공동체를 맺는 것은 불가능할까? 그녀는 동성애 가족이나 동거, 입양 등에 대해서는 별다른 관심이 없어 보였다. 그러한 새로운 형태의 가족 관계에 대해 청중석에서 질문을 던지자 그녀는 그런 '현상'이 '존재한다'는 것은 인정하면서도, 그 가족이 어떻게 자신의 이론 속에 포섭되어 논의될 수 있는지는 고민하려 들지 않았다. 그녀가 김태용 감독의 영화 「가족의 탄생」을 본다면 과연 어떤 반응을 보였을까.

그러나 그녀가 말하는 가족의 범위가 결혼에 의한 것에 그쳐 있다는 점을 제외한다면, 그녀의 '가족'의 외연을 좀 더 자유롭고 다양한 가족 형태들로 확대시킬 수만 있다면, '가족 이후의 가족', '개별화', '패치워크 가족' 개념들은 충분히 유의미할 것이다.

그녀의 말대로 가족 구성원의 개별화는 '가족의 붕괴'가 아니라 새로운 조정과 합의를 통해(물론 이 과정에서 가장 큰 역할을 해야 하는 존재가 왜 여성인지는 솔직히 충분히 납득되지 않았다.) 가족의 구성과 유지 방식을 바꾸는 것일 뿐이다. 우리는 가족주의의 굴레에서 벗어나 좀 더 독립적인 개인이 될 '필요'와 '자유'가 있고, 다만 그것이 가족 내 구성원들 사이의 소통을 통해 합의, 조정을 거친 것이면 된다. 그리고 새로운 가족을 규정하고 유지하는 것은 구성원 간의 감정이라는 그녀의 지적 역시 중요한 대목이다. 우리는 곧잘, 사랑하기 때문에 가족인 것이 아니라, 가족이기 때문에 사랑해야 한다고 생각한다. 그러나 사회가 변화하고 가족의 형태가 다양화될수록 이러한 선후 관계를 성찰해 볼 필요가 있다. '대안적' 가족 맺기, '새로운' 연대는 바로 이 지점부터 시작해야 하지 않을까.

이영아 // coolya112@naver.com

서울대학교 규장각 한국문화연구소의 선임연구원. 국문학을 전공했고 한국 개화기의 소설과 담론 연구로 박사 학위를 받았다. 특히 '몸'을 둘러싼 문화와 담론에 관심이 많아, 『육체의 탄생』이라는 책을 냈다. 서울대학교 기초교육원 강의교수로 3년간 재직했다. '몸', '문화', '근대', '소통', '대중'이라는 이 시대의 화두들을 가지고 공부와 글쓰기에 매진할 작정이다.

제대로 알고 쓰는 말: 신자유주의

최 병 두

1. 신자유주의와 자유

우리 사회에서 '신자유주의'라는 용어가 널리 사용된 지는 이미 오래다. 또는 명시적으로 이 용어로 규정되지는 않는다 할지라도, 신자유주의적인 정부 정책이나 기업 전략이 암묵적으로 또는 노골적으로 일반화되고 있다. 또한 일부 보수 언론들에서 이러한 정부 정책이나 기업 전략을 정당화하기 위해 신자유주의적 담론과 지향을 부추기고 있기도 하다. 그러나 다른 한편으로는 이러한 정책이나 전략에 반대하는 목소리가 이곳저곳에서 터져 나오고 있다. 하지만 정작 신자유주의를 둘러싼 공방에서 문제가 되는 것은 어느 누구도 신자유주의가 무엇을 의미하는가를 명확히 하지 않은 채 이 말을 사용하고 있다는 점이다.

신자유주의란 무엇인가? 일반적으로 정의하면, 기존의 정치적, 경제적 자유주의의 연장선상에서 개인의 자유 추구(와 이를 위한 권리)를 최상의 가치로 인식하는 이념이라고 할 수 있다. 그러나 실제 이러한 정의는 개념을 파악하는 데 별로 도움이 되질 못한다고 할 수 있다. 왜냐하면 자유는 모든 인간의 보편적 가치로서, 자유주의 또는 신자유주

의의 전유물이 아니며 다른 여러 정치적 이념들도 자유의 추구를 부정하지 않기 때문이다. 즉 진정한 자유는 보수주의자이든 진보주의자이든 모든 개인과 사회가 추구하고 실천해야 하는 이상적 가치들 가운데 하나다.

문제는 어떠한 자유를 어떻게 추구하고 실천하고자 하는가에 있다. 자유주의와 신자유주의가 구분되는 만큼, 이들 내에서도 자유의 개념은 상당한 차이를 가진다. 개인의 무제한적 자유를 최상의 가치로 인정하는 자유지상주의가 있는가 하면, 최소 수혜자의 최대 이익을 정당화하는 롤스의 정의론도 이에 속한다. 또한 신자유주의라 할지라도, 개인의 자유를 최우선으로 하는 자유방임형 신자유주의(미국)에서 사회민주주의와 정책적 목표를 구별하기가 쉽지 않은 개혁적 신자유주의(스웨덴), 그리고 심지어 고전적 사회주의에서 시장의 개방, 개혁만을 우선 받아들인 사회주의적 신자유주의(중국)에 이르기까지 다양한 유형으로 구분될 수 있다.

물론 이렇게 다양한 학설, 정책들이 '신자유주의'라는 하나의 틀 속에 묶이는 것은 분명 어떤 공통점이나 유사성을 가지기 때문이다. 그 공통점은 바로 국가(정부)의 기능을 줄이고 시장의 자유를 확대하고자 한다는 점이다. 물론 신자유주의를 정책적 이념이나 지향으로 채택한 국가들에서 과연 정부의 기능이 축소되었는가에 대해서는 분명 의문의 여지가 있다. 왜냐하면 실제 지난 30여 년 신자유주의의 역사에서 정부의 역할과 조직은 오히려 커졌기 때문이다. 그러나 이러한 과정 속에서도 분명한 사실은 정부의 기능이 변했다는 점, 즉 국민을 위한 복지 기능은 줄이고,

기업을 위한 정책은 확대시켰다는 점이다.

2. 시장의 자유를 위한 신자유주의

좀 더 학문적인 측면에서 보자면, 신자유주의는 20세기 중반 영국의 경제학자 프리드리히 하이에크(Friedrich Hayek)에 의해 이념적으로 주창되고, 미국의 경제학자 밀턴 프리드먼(Milton Friedman)에 의해 정치적으로 그 정당성이 강조되면서, 1970년대 서구 경제가 심각한 침체에 빠졌을 때 대처와 레이건에 의해 정책적으로 실행된 이념이다. 그 이후 신자유주의는 국가 개입의 필요성을 인정했던 케인스주의를 대체하면서 전 세계적으로 확산되었고, 1990년대 이른바 워싱턴 콘센서스(Washington Consensus)를 통해 제도적 자기 합리화를 획득하게 되었다.

이러한 신자유주의에 의하면, 우리 사회(특히 자본주의 사회)는 시장이라는 제도 속에서 자신의 이해관계를 개선하고자 하는 개인들의 형식적 자유 선택을 통해 조직된다. 여기서 시장은 합리적 행위자가 수행하는 활동의 효율성을 극대화해 주는 것으로 간주된다. 따라서 신자유주의는 시장경제의 범위를 확장시켜, 모든 생산 요소들을 시장에서 거래되는 상품의 형태로 전환하고, 형식적으로 자유롭고 화폐화된 교환을 통해 경제 활동이 이루어져야 한다고 생각한다.

이러한 시장의 합리화를 위해 신자유주의는 그동안 국가가 수행해 왔던 규제 활동들을 줄이기를 요구한다. 즉 국가는 시장 개입을 최소화하고, 단지 개인이나 기업의 소유권과 자유로운 활동을 보장하는 역할만을 담당해야 한다는 것이다. 이에 따라, 한편으로 경제의 합리화를 추동하고 다른 한편으로 국민들의 삶의 질을 증진하기 위해 제도화되었던 각종 규제 정책들은 시장의 자유를 억압하는 요인으로서 제거되어야 한다. 제거 대상은 정부의 관료적 규제 정책들뿐 아니라, 복지(국민의 복지뿐만 아니라 자연의 복지를 포함하여)를 위한 규제들까지 포함한다.

뿐만 아니라 그동안 시장의 영역 밖에 있던 다양한 생산 요소들이 상품화, 화폐화된다. 아직 실현되지 않은 미래의 소득을 미리 사용할 수 있도록 신용 체계가 발달하고, 화폐를 대신하는 상품권의 개발도 촉진된다. 노동의 상품화와 관련해, 지적 창조물은 재산권으로 화폐에 의해 거래되고 외국인 노동자들의 세계적 이동이 급증한다. 자연의 상품화를 확대시키기 위해, 예로 지구 온난화를 유발하는 이산화탄소의 배출 억제를 명분으로 탄소배출권을 상품으로 제도화해 시장에서 사고팔 수 있게 되었다. 이러한 노동과 자연(그리고 이에 대한 권리)의 상품화와 이를 거래하는 시장은 금융 자본의 발달과 더불어 급속히 확대되고 있다.

신자유주의는 또한 공적 기관들이 운영하던 제반 활동들을 민영화하기를 원한다. 공적 조직의 관료적 운영으로 인해 조직이 비대해지고 비효율성이 커지기 때문에, 경쟁에 바탕을 둔 기업적 경영 방식이 도입되어야 한다고 주장한다. 이에 따라 기존에 각종 정부 기구나 공적 기관들이 관리하던 것들, 예로 담배 등의 전매 사업뿐만 아니라 철도나 심지어 상하수도의 시설 운영에 이르기까지 민영화가 촉진되고 있다. 또한 사회 간접 시설을 확충하고 운영하는 사업까지 민자 유치라는 이름으로 전환되고 있다.

3. 신자유주의가 낳은 것

신자유주의는 이와 같이 일단의 시장 자유를 추구하는 이념과 정책 지향이라 할 수 있다. 물론 신자유주의의 구체적 내용은 처음에는 일종의 유토피아적 사고에서 출발했지만, 실제 자본주의 경제 발전을 위한 정책과 전략의 기본 패러다임이 되는 과정에서 역동적으로 변화해 왔다. 특히 2000년대에 들어오면서(9.11 테러 이후) 신자유주의는 미국의 신보수주의자들이 주도하는 신제국주의적 세계화와 자유 무역 협정 등을 통해 세계 및 국가 경제의 '개혁'을 위한 지배 이데올로기로 합리화되었다.

이제는 반세기에 걸쳐 발전해 온 신자유주의를, 그 추상적 이념뿐만 아니라 이에 따라 초래된 결과를 바탕으로 면밀하게 검토해 볼 때이다. 신자유주의와 관련하여 우선 지적해야 할 점은, 이 이념이 마치 보편적 자유를 신봉하고 일반적 권리를 고양하는 것처럼 보이지만, 이는 어디까지나 시장의 자유, 자본의 권리와 관련될 때만 그러하다는 사실이다. 신자유주의가 신봉하는 것은 소유의 자유, 거래의 자유, 구매(쇼핑)의 자유 등이고, 신자유주의가 고양하고자 하는 것은 화폐로 측정된 권리, 기업 하기 좋은 권리, 가진 자의 권리이다.

신자유주의를 통해 자본은 국가적으로, 나아가 초국적으로 대기업화되면서, 점점 더 넓은 경제적 영토를 차지하게 되었다. 그러나 시장의 자유, 기업의 권리가 강조되면서, 기존의 재래 시장이나 골목길의 구멍가게들은 경쟁에서 패배하여 점차 사라져 버렸다. 가진 자들의 자유와 권리가 신장되는 반면, 가지지 못한 자들의 자유와 권리는 점점 관심 밖으로 밀려나고, 보이지 않는 곳에서 짓밟히고 억압받게 되었다. 더욱이나 이들을 위한 국가의 재분배 정책까지 축소되면서 양극화는 더욱 심화되어 가고 있다.

신자유주의는 이러한 양극화가 시장의 자유 또는 이를 통한 경제 발전을 통해 해소될 거라고 보거나 또는 불가피한 것으로 간주하는 경향이 있다. 그렇다면 과연 신자유주의가 세계를 지배하는 이념이 된 이후, 실제 세계 경제는 성장했는가? 그 답은 '아니오'이다. 세계 경제의 성장률은 1960년대 3.5퍼센트에서, 1970년대 2.4퍼센트, 1980년대 1.4퍼센트, 1990년대 1.1퍼센트, 그리고 2000년대에 들어와 1퍼센트 정도로 낮아지고 있다. 이렇게 성장세는 둔화되고 있지만, 소득 상위층 1퍼센트가 GNP에서 차지하는 비중은 신자유주의 세계 경제의 종주국인 미국에서조차 1980년 8퍼센트 정도에서 2000년 15퍼센트로 증가했다.

4. 신자유주의를 넘어서 진정한 자유로

그동안 신자유주의가 경제 발전의 유일한 대안으로 간주되고 마치 실제로도 성공했던 것처럼 여겨진 것은 몇몇 지역이나 국가들이 약간의 성장을 보였고, 특히 상위 계급이 자신의 부와 권력을 집중시킬 수 있었음을 가시적으로 보여 주었기 때문이다. 그러나 그 결과 집단이나 계층 간, 지역이나 국가 간 경제적 격차는 더욱 심화되고, 사회 공간적으로도 불균등 발전이 만연하게 되었다. 또한 이에 저항하는 노동 운동과 정치 운동, 시민 사회 운동 들이 지역적, 국가적, 세계적 차원에서 전개되고 있다.

뿐만 아니라 신자유주의적 세계화를 추동했던 미국 경제가 심각한 위기 상황에 빠질 것이라던 예측이 현실화되고 있다. 서브프라임 모기지(subprime mortgage) 사태는 미국의 초대형 모기지론 대부 업체를 파산시키고, 국제 금융 시장의 신용을 경색시키면서 세계 경제의 위기를 초래했다. '서브프라임 모기지'란 신용 등급이 낮은 저소득층에게 주택 마련 자금을 고금리에 빌려 주는 비우량 주택 담보 대출 제도로, 이의 위기는 결국 저소득층의 상환 능력 부재, 즉 양극화의 심화에 기인한 것이다.

이제 신자유주의가 더 이상 세계 경제의 대안이 될 수 없음이 확실한 것처럼 보인다. 17세기 고전적 자유주의는 왕권신수설 등에 기초한 군주 국가로부터 개인의 자유와 권리를 보장받기 위한 현실의 정치적 이념으로 등장했으며,

그 이후 경제적 자유주의로 확대되면서 최소국가론을 전제로 한 시장 자유주의로 전환했다. 그러나 자유방임형 자유주의는 결국 20세기 초반 세계적인 공황을 초래했고, 그 이후 국가 개입의 필요성을 정당화하는 케인스주의가 부각되었다.

케인스주의의 등장은 자유주의의 완전히 퇴행이라기보다는 이른바 '착근된' 자유주의의 등장을 뜻했다. 미국의 경우 이는 '뉴딜' 정책으로 상징되는 루스벨트 대통령의 자유관에 반영됐다. 이제 신자유주의가 더 이상 개인과 사회의 자유를 보편적으로 함양하지 못할 뿐만 아니라 경제 성장에도 기여하지 못함이 밝혀진 이상, 다시 정부의 민주적 통치 체제(거버넌스)를 확보하고 시장의 자유와 권리에 앞서 인간의 보편적 자유와 권리를 진정하게 보장해야 한다.

물론 이러한 자유민주주의의 이상을 실현하기 위한 노력에도 불구하고 인간의 보편적 자유와 민주적 권리가 달성될 수 없다면, 우리는 더 나아가야 할 것이다. 이를 위해 자유로운 개인에서 공동체적 사회로 발전하기 위한 사회민주주의나 시민 사회의 자율성을 추구하는 아나키스트 자유 공동체, 또는 생태적 공생과 민주적 연대를 강조하는 생태 사회주의로의 전환을 고려해 볼 수 있다. 그러나 어떠한 경우라 할지라도, 진정한 자유는 특정 이념이나 제도에 의해 주어지는 것이 아니라 주체로서 행위자가 부단히 실천할 때에만 보장될 수 있는 것이다.

최병두 // bdchoi@daegu.ac.kr

대구대학교 사범대학 지리교육과 교수. 자본주의 사회 공간 및 자연환경과 관련하여 발생하는 문제들의 분석과 대안 모색에 관심을 가지고 연구하고 있다. 지은 책으로 『근대적 공간의 한계』, 『도시 속의 환경 열두달』이 있고, 『신제국주의』, 『신자유주의─간략한 역사』 등을 옮겼다.

제대로 알고 쓰는 말:
프리온

주 일 우

왓슨과 크릭이 DNA 이중나선 구조를 발견하면서 생명체에서 정보가 흐르는 방향도 분명하게 정해졌다. 정보는 DNA → RNA → 단백질의 순서로 흐른다. 뚱뚱한 것이 유전이라면 뚱뚱함을 지시하는 정보가 DNA에 들어 있어야 한다. 뚱뚱함을 지방이 많은 것이라고 정의하면 DNA에는 지방을 합성하는 단백질(효소)을 많이 만들도록 하거나 힘이 세서 지방을 많이 합성할 수 있는 단백질을 만들도록 지시하는 정보가 있으면 된다. 세대를 넘어 이어지는 것은 DNA의 정보이므로 자기 복제를 통해 증식을 할 때 모든 정보는 DNA에 담겨 있어야 한다.

정보가 흐르는 방향은 지금까지 알려진 모든 생명체에서 똑같다. 생물과 무생물의 경계에 애매하게 걸쳐 있는 바이러스의 경우도 예외는 아니다. RNA에 정보를 저장하는 바이러스도 일부 있지만, 이러한 역전사 바이러스도 크게 보면 위의 흐름을 거스르는 것이 아니다. RNA의 정보는 DNA로 옮겨졌다가 다시 정상적인 정보의 흐름을 따른다. 그런데 단백질로만 이루어져 증식을 한다는 프리온(Prion)의 존재에 대한 가설은 이런 상식을 뒤엎는다.

단백질은 형질을 직접 발현하는 존재이고 생명체가 외부와 영향을 주고받는 최전선에 서 있다. 만약 외부의 영향

이 단백질에 영향을 미치고 그 영향이 이후 세대로 이어진다면 라마르크의 용불용설이 다시 힘을 받는다. 용불용설을 일반적으로 적용하면 헬스 클럽에서 근육 강화제를 먹어 가면서 열심히 운동하면 알통이 올록볼록한 아이를 낳을 수도 있다는 이야기. 생명체의 정보가 흐르는 방향이 바뀐다면 우리가 알고 있는 진화의 역사를 송두리째 새로 써야 한다. 물론 프리온은 극히 예외적인 존재라서 이렇게 일반적으로 적용할 수는 없지만, 프리온과 관련된 비밀을 풀면 생명체 내의 정보의 흐름과 관련된 일반론에 큰 문제를 제기할 수 있다. 과학자들의 흥미를 끌기에 충분한 매력이 있었다.

증식하지만 단백질로만 이루어진 어떤 존재가 있다는 가설은 1960년대에 등장했다. 양에게서 발견되는 뇌 질환인 스크래피나 사람의 뇌 질환인 크로이츠펠트−야콥 병을 일으키는 원인을 찾던 학자들이 이 원인 물질이 자외선에 의해 파괴되지 않는다는 것을 밝혀냈다. 만약 이 물질이 DNA나 RNA와 같은 핵산을 가지고 있다면 자외선에 파괴되어야 할 터인데 아무런 반응이 없었다는 것은 새로운 가설을 요구했다. 순전히 단백질로만 이루어진 어떤 물질이 병을 일으킨다는 가정을 하도록 만들었던 것이다. 그래서 이 가상적인 물질에 '프리온'이라는 이름이 붙었고, 샌프란시스코에 있는 캘리포니아 대학교의 스탠리 프루시너(Stanely B. Prusiner)가 프리온 단백질을 분리해 냈다.

처음에 프리온은 동물의 몸에서만 병을 일으키는 것으로 알려져 의학적인 측면에서 별로 주목을 받지 못했다. 그저 그것이 가진 생물학적인 의미가 관심을 끌었을 뿐이다. 하

지만 인간 광우병이 발병하고 나자 프리온은 의학계에서 중요한 이슈로 떠올랐다. 우선, 연구는 프리온의 정체를 밝히는 데 집중되었다. 종에 따라 차이는 있지만 프리온 단백질은 대개 200개가 좀 넘는 수의 아미노산으로 이루어져 있다. 과학자들의 연구에 따르면 놀랍게도 이 단백질은 정상적인 세포에서도 흔하게 발견된다. 정상적인 프리온 단백질과 병원성인 프리온 단백질은 접혀 있는 형태만 다를 뿐이다. 정상적인 프리온 단백질이 동글동글 감겨 있는 부분이 많은 반면에 병원성인 프리온 단백질은 병풍처럼 펼쳐져 있는 부분이 많다. 정상적인 프리온 단백질은 세포막에 분포하고 구리 이온과 결합을 잘 한다. 지금까지 밝혀진 바로는 프리온 단백질은 세포막에서 항산화 기능을 한다. 반응성이 큰 산소가 세포에 줄 수 있는 독성을 중화시키는 역할을 하는 것이다. 물론, 아직 밝혀지지 않은 다른 기능도 있을 것이다. 최근의 연구에 따르면 프리온 단백질이 장기적인 기억에도 관여한다고 한다.

병원성인 프리온 단백질은 한두 개의 아미노산이 정상적인 프리온 단백질과 달라 3차원적인 모양이 달라진다고 알려져 있다. 아직도 미지의 단백질(Protein X)이 있어 그것이 정상적인 프리온 단백질에 붙으면 구조가 달라진다고 생각하는 과학자들이 있다. 모양이 달라지면 병원성인 프리온 단백질이 한곳에 모여 결합하고 긴 띠 모양을 이룬다. 이것이 뇌 질환을 일으킨다. 중추 신경계에서 띠 모양을 이룬 병원성 프리온 단백질이 조직의 구조를 변형시켜 구멍을 내면 치명적인 결과가 발생한다. 잠복 기간이 길지만 한번 발병하면 빠르게 진행된다. 아직까지 우리가 알고 있는 바로는 치료할 방도가 없다. 다만 최근에 쥐를 대상으로 개발된 백신이 있어 사람에게도 적용될 수 있지 않을까 하는 기대를 하고 있기는 하다. 프리온과 관련된 뇌 질환은 양, 염소, 소, 사슴, 밍크와 같은 다양한 동물들에게서 발견되었고 사람에게서도 크로이츠펠트-야콥 병, 쿠루 병과 같은 여러 가지 형태로 존재한다.

상당히 많은 연구자들이 프리온을 집중적으로 연구했지만 감염 경로에 대해서는 알려진 것이 별로 없다. 처음에는 종에 따라 프리온 단백질의 아미노산이 조금씩 다르기 때문에 종 간에 병이 옮겨 가지 않을 것이라 믿었지만 양에서 소로, 그리고 사람으로 이 병이 옮겨 왔다는 것은 확실해 보인다. 현재 과학자들은 이 문제를 풀기 위해 노력하고 있다. 아직까지는, 자외선이나 핵산을 분해하는 효소가 프리온 단백질의 활성에 영향을 미치지 않기 때문에 단백질만 병원체로 보는 입장이 강하다. 하지만 최근의 연구 성과들은 몇 가지 다른 가능성을 열어 놓고 있다.

2007년에 발표된 연구에 따르면 병원성 프리온 단백질과 지질, 그 밖에도 다른 분자들이 결합해야 증상을 유발하는 프리온 단백질의 끈이 만들어진다. 따라서 병원성 프리온 단백질만 가지고는 발병하지 않고 다른 요소들이 함께 있어야 한다는 설명이 가능한데, 그렇다면 그런 복합체를 이루는 정보는 어디서 오는지가 또 다른 숙제로 주어진다. 그리고 역시 같은 해에 발표된 다른 연구에 따르면 병을 일으킨 세포에서 병원성 프리온 단백질 이외에도 바이러스와 유사한 분자들을 검출했다고 한다. 바이러스와 유사한 이것들이 병을 일으키고 프리온을 변형시키는 데 중요한 역할을 한다면, 프리온의 존재는 생명체의 정보 흐름과 관련된 통념에 아무런 도전도 되지 않는다. 핵산에서 출발해서 단백질로 정보가 전달된다는 고전적인 생각이 옳았다는 결론으로 돌아가야 하는 것이다.

처음엔 생명에서 정보의 흐름을 바꿀 수 있다는 측면에서 관심을 얻었고 광우병 때문에 또 다른 관심을 끈 프리온. 그 존재에 대한 가설이 등장한 지 반세기가 흘렀고 프리온을 분리한 지도 사반세기라는 시간이 지나갔다. 그동안 진행된 연구들을 통해 프리온에 대해서 제법 많이 알게 되었지만 아직도 우리는 모르는 것이 너무 많다. 알고 있는 것은 병원성 프리온이 유발하는 증상뿐이다. 그것이 어떻게 소에서 사람으로 옮아가는지, 그 고리를 완전히 차단하려면 어떻게 해야 하는지에 대해서는 아는 바가 별로 없다. 『동의보감』에 "(복어를) 제대로 손질하지 않고 먹으면 죽을 수 있다. 살엔 독이 없으나 간·알엔 독이 많으므로 간·알·등뼈 속의 검은 피를 깨끗이 씻어야 한다."라고 했다니 복어 독을 피할 방법은 우리가 오래전부터 알고 있는 셈이다. 하지만 광우병을 일으키는 프리온에 대해서는 이해가 일천하고 그것을 어떻게 피해야 하는지 우리는 알지 못한다. 앞으로 진행될 과학 연구들이 새로운 길을 밝혀 줄 것을 기대하지만 그 결과가 나올 때까지 얼마의 시간이 걸릴지 모른다. 그때까지는 조심하는 수밖에 방법이 없다. 이 시대를 사는 우리가 정말로 괴로운 이유는 소고기 말고도 그 정체를 모른 채 우리 목구멍으로 넘겨야 하는 것들이 너무나 많다는 것이다.

주일우 // *iroojoo@saii.or.kr*

과학평론가. 문지문화원 사이 기획실장. 과학과 문화의 경계 영역에서 일어나는 일들에 관심이 많다. 『지식의 통섭』(공편)을 엮었고, 『다윈의 대담 4』를 옮겼다.

장하준,
국가와 시장의 관계를
말하다

인터뷰 · **박경신**

'국가 경제를 발전시키는 전략이 있을 수 있는가?'라는 질문에 대해 수많은 경제학자들이
'시장'이라는 '무(無)전략'을 제시할 때 '전략은 있다.'라는 대답을 제시하며 세계 개발경제
학계의 거두로 우뚝 선 장하준 교수를 만났다.
내가 이해하는 장 교수의 입장은 이렇다. 시장주의는, 게임의 규칙이 명확하고 다양한 경제

활동의 자유를 보장하는 시장만 확보된다면 경제는 자연스럽게 발전할 것이라는 믿음이다. 하지만 좋은 시장을 만든다고 경제가 스스로 발전하지는 않는다. <u>국가가 발전시켜야 한다.</u> 중요한 산업을 선별하여 지원 및 육성하고 세계 시장의 혹독한 경쟁으로부터 국내 생산자들을 보호해야 한다.

구체적이고 명시적인 산업 보호 정책으로 경제를 발전시킨 선진국들이 이제 와서 후진국들에게 자유화와 개방을 종용하는 것은 자신들의 시장을 넓히기 위해 핑계를 대는 것일 뿐, 이들은 순수한 마음으로 후진국들의 발전을 도와주려는 '착한 사마리아인'들이 아니다. 이들은 후진국들이 자신들처럼 산업 보호 정책을 통해 발전하지 못하도록 그 기회를 빼앗고자 '사다리 걷어차기'를 하고 있을 뿐이다. 시장을 통한 경쟁과 개방은 오히려 사회 불안을, 사회 불안은 내수 위축과 저투자를, 내수 위축과 저투자는 결국 저성장을 초래할 것이다. 게다가 '국적 없는 자본은 없다.' 외국 자본은 토착 자본보다 더욱 혹독하게 국민들을 착취하고 사회를 더욱 불안하게 만든다. 우리나라의 성장을 위해서는 보호 무역과 산업 정책을 바탕으로 한 국가의 강력한 드라이브가 필요하다.

장 교수의 논리는 크게 (1) 대외 개방에 대한 신중론과 (2) 시장주의 개혁에 대한 신중론으로 이루어져 있다. 그런데 외국과의 경쟁으로부터 국내 산업을 보호하는 정책을 구사하려면 대외 개방은 반대할 수밖에 없는 게 당연하지만, 시장주의 개혁은 국내 산업 보호와 반드시 배치되지 않을 수도 있다. 조금 다르게 보아야 하지 않을까? 대표적으로 주주자본주의를 살펴보자.

1. 주주들이 경제를 망친다

박경신(이하 '박') 주주자본주의의 추동 세력을 살펴보면, 우리나라에서는 우파보다는 좌파 쪽에서 주로 주장한다. 주주자본주의라는 라벨을 이용하면 '빨갱이 소리' 안 듣고 분배 및 재벌 견제의 문제를 꺼낼 수 있기 때문에 생각해 낸 것이다. <u>우리나라에서는 주주들의 합리적인 욕심에 비하면 오너-경영자들의 전횡이 훨씬 더 큰 문제 아닐까? 그래서 '주주자본주의'를 이용해 오너-경영자 전횡을 견제하려 하는 것이고.</u>

장하준(이하 '장') 물론 기가 막힌 발상이다. 재벌들이 지금 수세에 몰린 것은 자업자득의 측면이 있다. 1980년대 말부터 1990년대 초 어떻게 국가의 굴레에서 벗어나 볼까 고민

을 하다가, 당시 전경련 회장이었던 SK 최종현 회장이 미국에서 신자유주의 논리를 들여와서 책도 번역하고, 강연도 하고 하면서 많이 이야기되기 시작한 것이 주주자본주의이다. 회사라는 것은 주주의 것인데 국가가 개입해서는 안 된다는 것이다. 그때 장하성 교수가 나타나서 "너희 말 그대로 따라서 그 논리에 충실해 보자. 주주주권론을 잘 살펴볼 때 정말 재벌 총수가 지배 주주냐? 겨우 5퍼센트 정도 가지고 황제 경영을 하는데 이게 맞느냐?"라고 반박을 했다. 처음에 호되게 당한 것이 아이러니하게도 최종현의 아들 최태원이다.

우리나라의 소액주주운동이 세계적으로도 평가받을 만한 점은 있다. 사실 미국에서 소액주주운동은 펀드 매니저들이 하는 것이다. 사회 운동이 아니다. 그런데 우리나라에서는 그게 사회 운동으로 승화했는데 전 세계적으로 처음 있는 일이다. 그럼에도 문제는 그 논리를 강고하게 확산시키다 보니 기업이 법적으로는 주주의 것이라고 회사법에 규정되어 있지만 사실은 주주만의 것이 아니라 일하는 사람, 납품 업체, 로컬 커뮤니티 등 모두의 것이라는 점이 간과되는 것이다. 이들의 이익을 다 무시하고 주주만 보호하겠다는 것이다.

주주는 주식을 쉽게 팔고 나갈 수 있기 때문에 참을성이 낮을 수밖에 없다. 다른 이해 당사자들은 그에 비해 유동성이 낮다. 그렇기 때문에 노동자들을 하루라도 빨리 해고해야 돌아오는 것이 많다고 생각하는 것이다. 외국인 주주들이 악해서 그런 것이 아니라 인센티브 시스템 탓에 그런 것이다.

박 장하준 교수가 주주자본주의를 반대하는 이유를 설명하면 이렇다. '주주자본주의가 강해지면 배당에 대한 집착이 발생하고 단기 이익에 대한 집착이 생기고 노동 시장을 유연하게 만들려고 하고 결국 비정규직을 양산하게 된다.'는 것이다. 하지만, 이것이 순수하게 주주자본주의의 문제인가? 아니면 외국 자본의 문제인가? 틀림없이 외국 창투사들이 한국 회사를 인수할 때 국내 투자자들이 하는 것과는 다르다. 이자도 받아 가고 배당도 받아 가다가 나중에 상황이 안 좋으면 환매도 시킨다. 하지만 과연 국내 투자자들도 장 교수의 걱정처럼 배당에 대한 집착이 클까? 대부분 양도이익에 관심을 가진 사람들 아닌가?

장 학습을 하게 된다. 이런 식으로 시장주의를 추구하면 미국과 똑같이 하게 된다. 미국도 주주자본주의가 1970년대 후반 1980년대에나 생겨났다. 미국의 유명한 경제학자 폴 크루그먼에 따르면 1950년대에는 CEO와 일반 노동자의 임금이 30배 정도 차이가 났는데 지금은 1,000배이다. 주주자본주의가 이렇게 이용된다. 주주들이 배당을 많이 받아야 한다며 전문 경영인들을 견제하는 것 같지만, 봉급하고 이윤하고 연동이 되어 있지 않은 문제 때문에 스톡옵션을 들여왔다. 즉 전문 경영인들을 스톡옵션으로 포섭한 것이다.
<u>주주자본주의 하에서는 주주와 재벌들이 짝짜꿍을 해서 노동자와 소비자들을 착취한다.</u>
<u>재벌들과 주주들 간의 싸움은 누가 많이 먹느냐는 것인데 그 둘 사이에 보통 노동자들과</u>
<u>소비자들을 벗겨 먹어야 한다는 합의는 확실히 있는 것이다. 지금 노동자 이익을 대변한다</u>
<u>는 분들이 몇몇 재벌들을 망신 준 것으로 뿌듯해하지만 결국엔 자기 무덤을 파는 것이다.</u>

박 시민 단체에서는 분배가 문제라고 생각해서 주주자본주의 운동을 시작한 것인데, 문제 제기는
여러 통로로 할 수 있겠지만, 장 교수는 <u>주주의 권리임을 내세워 분배 문제를 제기하는 것은 무덤</u>
<u>을 파는 것</u>이라고 보는 것 같다. 재벌들의 나쁜 행동을 견제하는 좋은 소액주주운동은 예외로 치
더라도, 주주의 권리가 강조되다 보면 대부분의 주주들은 배당에 집착하게 되고 그러면서 회사가
더 많은 노동자들을 자르려 하기 때문이라는 건데, 그렇다면 다른 통로를 통해서 분배 문제를 제
기하라는 것인가? 이 문제를 제기하려는 사람들이 취할 수 있는 방법이 많지 않은 자본주의 국가
에서, 자본주의의 룰을 역이용해 해결한다는 점이 기발하기는 하다. 하지만 장 교수는 그 전략을
쓰지 말라고 조언하는 것인가?

장 노동자나 일반 국민들을 위하는 입장을 가진 사람들에게는 그렇게 조언하고 싶다. 주주
의 입장에서는 시민 단체들이 그와 같은 전략을 제시하는 것처럼 좋은 게 없다. 처음 그 전
략을 들고 나온 상황에서는 실보다 득이 많은 상당히 좋은 전략이었다고 생각하는데, 이제
는 재조정을 해야 한다. 특히 <u>우리나라가 사회 운동으로서의 소액주주운동이라는, 세계적</u>
<u>으로 유례가 없는 전통을 확산시켰는데, 이제는 주주 중심에서 벗어나 동시에 이해 당사자</u>
<u>(stakeholder)들까지 다 봐야 한다.</u> 법적으로 주인의 권리를 가진 주주가 압력을 넣는 것이
가장 효과가 있지만, 그렇다고 그것에 너무 함몰되어 버리면 다른 것을 못 보게 된다. 한 차
원 더 높여서, 우리가 주주권이라는 메커니즘을 통해서 운동을 진행하긴 하지만 결국 목
표 자체는 주주만을 위한 것이 아니라 더 큰 사회적 이익을 위한 것 아닌가. 또 한 가지 중
요한 것은 주주의 목소리만 들려서는 안 된다는 것이다. 주주권도 중요하지만 그 외의 종업
원, 납품 업체, 로컬 커뮤니티 등과 함께 일도 하고 대화도 해야만 한 차원 높은 운동이 되
는 것이다. 그런데 처음에 팍 터트렸던 것에 함몰되어 버리면 주주자본주의의 논리를 퍼뜨
리는 역할만을 하게 되는 거고, 시간이 가게 되면 우리나라도 미국처럼 될 뿐이다. 미국도,
원래 유럽 나라들보다는 불평등하긴 했지만, 그래도 지금과 같은 정도는 아니었다. 이제는
CEO와 종업원들의 월급이 1,000배 이상 차이가 나는 사회가 되었다.

2. '이해 당사자'들은 좋은 사람들인가?

박 하지만 이해 당사자라는 사람들을 살펴보면, 아주 이기적인 사람들이다. 로컬 커뮤니티(지역 사회) 역시, 화장장 건설 반대 투쟁들만 보더라도, 이기적이다. 이해 당사자는 이기적인 그룹들인데 이들 간의 싸움 역시 시장에서 벌어지는 것과 다를 바 없는 자유방임적인 싸움이 되는 것 아닌가? 이해 당사자들 간의 충돌은 어떻게 정리하는가?

장 룰이란 건, 일부는 법을 근거로 만들어질 수도 있지만 다른 부분은 비공식적인 관습 같은 걸 통해서 만들어져야 하는데, 기본적으로 어떤 식으로 경쟁을 하는 게 옳은 거냐 하는 그라운드 룰은 있어야 한다. 국가가 개입을 할 수도 있고 안 할 수도 있다. 국가 전체에 동일한 표준을 부과해야 하는 문제에는 국가가 개입을 안 할 수가 없지만, 동네 단위의 문제는 그 동네 사람들끼리 정할 수도 있는 거니까 국가가 꼭 개입할 필요는 없다. 하여튼 잘 지적해 주신 대로 이해 당사자들이 자기 소집단의 이익만 생각하는 데서 그치지 않도록 하려면 '복지 국가'라고 표현되는 시티즌십에 기초하는 시스템이 만들어져야 한다. 말하자면 전 국민이 한 공동체라는 인식이 없으면 그다음에 왜 삼성 공장을 광주에서 경기도로 옮기느냐 같은 걸 가지고 싸울 수 있다. 그런 면에서는 국민적인 합의라는 게 있어야 한다. 말로만 사이좋게 지내자고 해서는 안 되고 진짜 인센티브가 있어야 사람들이 따른다. 즉 광주에 있는 삼성 노동자들에게 파주로 공장을 옮기는 게 회사에 도움이 된다는 데 삼성이 잘되어야 우리나라가 잘되는 거 아니냐, 애국심 발휘해서 그냥 조용히 물러나라, 이렇게 해서는 안 된다. 그렇다고 삼성보고 너희가 광주에서 실직하게 될 노동자들에게 배상해라 이런 차원이 돼서도 안 된다. 삼성의 파주 이전이 진짜 국가의 이익에 보탬이 되는 거라면 온 국민이 낸 세금으로 노동자들에게 실업 급여도 주고 기본 생활 보장도 해 주고, 재교육도 시켜 주고, 취업도 알선해 주어야 한다. 그렇지 않으면 "왜 나한테만 애국심을 강요하느냐"란 이야기가 나온다.

박 결국, 이해 당사자들이 '복지 국가'라는 가치를 공유하면서 서로 다른 분야에 있는 인센티브들을 기브 앤드 테이크(give and take)하고 협상 대상으로 삼을 수 있는 전 국가적인 시스템이 필요하다. 그렇다면, 장 교수가 생각하는 '복지 국가'의 내용은 무엇인가? 이것을 알아야만 어떤 그라운드 룰로 이해 당사자들 간의 협상을 조정할 수 있는지 알 수 있을 것 같다. 그라운드 룰이 분배일까? 우리나라에서는 양극화를 절대악으로 보고 있고 비정규직 문제에 대한 사람들의 관심이 높다. 우리나라 분배 문제가 그렇게 심각하다고 보는가?

장 국제적으로 비교를 하면 그렇게 심각한 것은 아니다. 결과적 평등이라는 게 결국 기회의 평등하고도 연결되는 것이다. 어느 정도 결과의 평등이 없으면 기회의 평등이라는 것은 있을 수가 없다. 이는 교육 문제에서 잘 드러나고 있다. (중략) 한편으로는 나라가 가난할 때는 불평등해서 자본이 집중되어 있어야 투자할 여력도 생기고 경제가 발전하기 더 좋다는 이론들이 있고, 다른 한편으로는 그 반대로 사회가 너무 불평등하면 사람들이 불만이 많고 정치가 불안해져서 경제 성장에 안 좋다는 이론도 있다. (중략) 우리나라는 한국전쟁 같은 걸 거쳤기 때문에 상당히 평등한 데서 출발했다. 그런데 상황이 빠르게 변하니까 그걸 사람들이 받아들이기가 힘든 면이 있다. 예를 들어 브라질 같은 경우, 500년 동안 불평등했기 때문에 이를 받아들이기가 상대적으로 굉장히 쉬운 편이다. 그런데 우리나라는, 25년 전만 해도 옆집에서 시금치 키우던 친구가 지금은 갑자기 외제 차를 타고 다니니 용납이 안 되는 것이다. 그런 역사가 있고, 그리고 또 하나로 외환 위기 이후에 시장이 자유화되고 나서 급격하게 불평등이 커졌다는 점이 있다. 현재 통계에 잡히는 걸로는 아직 아주 급격한 것 같지는 않지만 어쨌든 잉태되고 있다. 교육이라든가 영어라든가를 통해서 점점 격차가 벌어질 터전이 마련되고 있기 때문이다. 이런 식으로 20~30년 더 가면 더 불평등한 시스템이 된다. 사람들이 본능적으로 그걸 느끼는 것이다. 그러니 더 불안한 것이고.

『개혁의 덫』(2004)이라는 책을 보면 장 교수는 "다국 간 비교를 통한 실증 연구에서도 분배가 평등할수록 성장이 잘 된다는 결론을 내리고 있다."라고 하였지만, 실제로는 분배를 성장에 도움이 되는 것이라기보다는 이해 당사자들 간의 협상하에 고려되어야 할 하나의 가치로 생각하는 것 같고 특히 우리나라와 같이 양극화가 급격히 심화되는 상황에서는 더 중요하다고 보고 있는 것 같다.

3. 대기업과 분배의 관계? 대기업은 '필요악'인가?

박 우리나라 양극화의 대명사인 재벌 중심 경제 구조에 대해서는 어떻게 생각하는가? 어떤 사람들은 불평등의 기원이 재벌 중심의 성장 정책에 있다고 생각하고 또 다른 사람들은 외환 위기 이후 신자유주의적 구조 조정이 분배 문제를 악화시켰다고 생각하는데, 어느 것이 더 큰 문제인가?

장 두 가지가 다 원인이 될 텐데. 그 재벌 총수 가족들이 가져가는 게 얼마나 되겠는가? 근본적인 문제는 전체적인 시스템의 문제다. 이것을 해결하려면 중산층 이상부터 세금을 더 내서 유럽 식으로 복지 국가를 만들지 않으면 안 된다. 재벌 몇 명 잡아 가두어 몇 조 원 사회에 헌납하게 한들 언 발에 오줌 누기일 뿐이다. 그런 식으로 재벌들을 공격해 가지고 그 회사가 깨지면 그 돈이 어디로 가겠는가? 대부분 원래 돈 있는 주주들에게 가는 거지, 보통 사람들에게 오는 게 아니다.

박 박정희를 평가하면서 경제 발전까지 인정하지 않는 사람은 없는 것 같다. 그런데 경제 발전을 반드시 대기업 주도로 했어야 하는가. 『쾌도난마 한국경제』(2005)에서 장 교수와 정승일 선생은 "기술이 없는 상황에서는 어쩔 수 없는 선택이었다."라고 했다. 하지만 앞으로는 대만처럼 많은 기업들이 같이 성장하는 방법을 취하는 게 더 낫지 않을까?

장 우선 하나 지적할 것은 대만에도 대기업이 많이 있다는 것이다. 그런데 그 대부분이 국영 기업이다. 민간 기업만 통계에 넣기 때문에 중소기업이 많은 것 같지만 공기업까지 포함해서 통계를 내면 대만도 중소기업만 있는 나라는 아니다. (중략) 우리나라도 앞으로 방향을 틀 수는 있겠지만 기본적으로 이미 지나온 길에서 다른 길로는 갈 수가 없다. 아무래도 대기업 중심의 체질을 하루아침에 바꾸기는 힘들다. 그러나 앞으로 기술 수준이 높아질수록 중소기업을 육성해야 한다. 중소기업들은 대기업을 눌러서 크는 게 아니라 80~90퍼센트가 대기업에 납품을 해서 먹고산다. 중소기업을 살리기 위해서는 그들이 대기업과 함께 클 수 있는 방법을 찾아야 한다.

즉 장 교수는 재벌 체제에서 오는 양극화보다는 신자유주의로부터 오는 양극화가 더 크다고 본다. 재벌 체제는 장 교수가 보기에 '필요악'이 될 수도 있는 것 같다. 분배를 추상적으로 논의하는 것은 의미가 없다. 구체적으로 살펴보면 장 교수는 대기업을 보호해 성장을 하더라도 조세율을 높여 북유럽 식의 '사후 분배'를 잘 하면 된다고 생각하고 있는 것 같다. 재벌도 있고 분배도 되는 북유럽 사민주의에 대해서는 나중에 자세히 물어보기로 한다.

4. 국가와 시장, 어느 것이 더 공정할까?

박 사실 장 교수의 강점은 분배경제학이 아니라 개발경제학에 있다. 장 교수가 신자유주의를 반대하는 것도 신자유주의가 양극화를 심화시켜서가 아니라 사회를 불안하게 만들어 내수 및 투자를 위축시켜 저성장을 초래하기 때문이다. 장 교수는 "아직도 우리나라는 소득 수준을 더 높여야 다들 인간다운 삶을 살 수 있다."고 생각하고 있고 '분배를 통한 성장'이라는 노무현 정부의 정책도 사실상 성장을 포기하는 무책임한 정책이라고 생각하고 있다. 그리고 국가 주도 성장 정책의 효용성을 주장하고 있다. 하지만 한국에 정말 시장을 '신봉하는' 신자유주의자들이 실제로 있는가? 우파도 자기한테 유리한 국가의 개입을 요구하고 있지 않는가?

장 글 쓰는 것만 보면 신자유주의자들이 한국에도 있다. 하지만, 박 교수 말도 맞다. 『나쁜 사마리아인』(2007)에서도 인용했지만, 옛날에 월스트리트 뱅커가 한 유명한 말이 있다. 우리는 돈 벌 때는 국가가 개입하는 걸 싫어하고 손해 볼 때는 좋아한다고. 미국도 신자유주의 어쩌고 저쩌고 얘기하던 월스트리트가 지금은 정부에 대고 와서 다 구해 달라고 애걸복걸하고 있다. 하지만 바로 그 점이 중요하다. 국가가 개입을 하지 않는 나라는 없다. 미국도 일 터지면 정부가 돈 쏟아 붓고 나서서 합병시키고, 총 연구개발비에서 정부 지원금이 차지하는 비율을 볼 때 미국이 세계에서 1등이다. 1990년대 말부터 그 비율이 줄어서 40퍼센트대로 떨어지기는 했지만, 특히 냉전 시대에 국방 연구를 많이 할 때는 최저 50퍼센트, 최대 70퍼센트까지 갔다. 단지 이데올로그들이 많으니깐 자기네는 개입을 안 하는 것처럼 얘기할 뿐이다. 유럽이 미국보다 개입주의적인 것 같아도 그 비율이 30퍼센트대고 한국이나 일본은 20퍼센트 정도밖에 안 된다. 단 개입하는 방식이 다르다. 미국은 한국에 비해 은행에 압력을 넣어 대출하게 만드는 일은 거의 안 한다. (중략) '작은 정부' 이야기를 하는데 그 정의가 뭔가? 싱가포르 같은 경우는 예산만으로 보면 작은 정부이지만 공기업 부문으로 보면 세계에서 제일 큰 정부를 갖고 있다.

박 국가의 개입은 불가피하니 문제는 그 개입의 내용인데, 신자유주의라는 이데올로기가 이에 대한 논의를 어렵게 하고 있다는 말로 들린다. 하지만 바로 그 지점이 내가 고민하는 점이다. 우파가 국가 주도 성장 정책을 요구하는 이유는 자신이 얻을 것이 있어서이다. 국가 주도 성장 정책의 핵심은 이동 통신 업체 등 몇몇 엘리트 산업을 전략적으로 보호하고 키우는 것인데 이것이 과연 좋기만 할까?

장 시장에 해방적인 측면이 있는 게 사실이다. (하지만) 경쟁이 좋으냐 안 좋으냐 하는 것은 특수한 맥락에서 파악해야 하는 것이지 항상 좋고 항상 나쁜 것이 아니다. 시장 진입을 제한하다 보면 특권이라는 게 생긴다. 그런데 그 특권이 있음으로써 사회에 더 많은 득이 있으면 그것은 있어도 되는 특권이다. 특허가 바로 그런 것이다. (박경신: 하지만 『사다리 걷어차기』(2004)에서는 특허를 너무 보호하는 것을 반대하지 않았는가?) 조율을 해야 한다. 일률적으로 경쟁이 좋다, 국가가 통제하는 게 좋다, 말할 수는 없고, 특권 자체가 나쁜 것은 아니다. 더 많은 득을 가져올 수 있다면 그 특권을 인정해 주는 게 좋다. 그런데 균형이 깨져서 그 특권이 너무 보호되다 보면 문제가 생긴다. 맥락을 판단하는 게 참 힘든 일이다.

5. 국가와 시장, 어느 것이 더 양극화를 심화시킬까?

박 성장 중심의 국가 개입은 일정 정도 정경 유착을 불러올 수밖에 없는 것이 아닌가? 정경 유착이 아니더라도 국가 엘리트주의, 승자 독식이 있을 수밖에 없는데, 결국은 그걸 못 견뎌서 현실 사회주의가 망한 것 아닌가 하는 생각도 드는데…….

장 기본적으로 승자와 패자는 어느 시스템에나 있고, 정부가 개입을 안 한다고 시장에 승자, 패자가 없는 것은 아니다. 결국 사람들이 그것에 대해서 불만을 갖는 것은 그 선택을 국가가 하는 메커니즘이 불공정하다고 생각하기 때문이다. 하지만 승자 독식으로 말하면 시장이 더 심하다. 국가는 좀 나눠 먹기라도 해야 하지만, 시장은 빌 게이츠처럼 온 세계를 혼자서 다 먹을 수 있다. 결국 국가의 개입이 문제가 아니라 국가 개입의 불공정이 문제다. 정부가 개입하지 않으면 그런 격차가 없어질 것같이 생각하는 것은 맞지 않다. (박경신: 국가가 인위적으로 뽑지 않고 제비뽑기로 한다고 해서 더 공정한 건 아니긴 하다.) 그렇다. 국가 개입을 이야기하는 사람들은 그 프로세스를 좀 더 투명하게 만들 필요가 있는 거고, 그 반대쪽에서 이야기하는 사람들은 국가가 고르지 않는다고 해도 그렇게 공평하게 나누어지지 않으며 시장이라는 것도 누군가(금융 시장의 큰손들처럼)의 마음대로 된다는 것을 인정해야 한다. 정부의 개입은 무역 정책, 세금 정책, 공기업이나 복지 정책 등에 수많은 좋은 면이 있다. 정부를 더 크게 해야 한다 더 작게 해야 한다는 식의 논쟁은 도움이 되지 않는다.

박 하지만 국가 주도 성장 정책이 실현되기 위해서는 엘리트 산업도 선정해야 하고, 국가 정책을 이끌고 나갈 엘리트 관료들도 선정해야 하고, 엘리트 기업도 선정해야 한다. 지금의 한국에서는 이런 정책이 양극화를 더 심화시키지 않을까? 성장은 좀 포기하자는, 말하자면 오히려 저성장을 바라는 입장들도 있다. 성장보다는 양극화가 더 문제라고 생각하는 사람들이다.

장 성장과 분배는 상충된다는 명제는 우파들이 좋아하는 전제인데, 이 둘이 꼭 상충되지는 않는다. (박경신: 핀란드 모델로 가면 성장과 분배를 함께 할 수 있다는 말이지만 지금의 정치 현실이 있고 주어진 역사가 있는데 당장은 불가능하지 않을까.) 그렇다. 그런데 성장이 없으면 일자리가 잘 안 만들어지고 그래서 양극화가 촉진되는 측면도 있다. (중략) 신자유주의자들이 이야기하는 것처럼 국가 주도 정책이 도리어 성장에 안 좋다고 믿는다면 몰라도, 어느 정도 효과가 있다고 본다면 그걸 안 한다고 양극화가 해소되지는 않을 것이다.

박 우리나라가 실업률이 그렇게 높은 건 아니지 않은가. 지금 성장이 그렇게 필요한가? 핀란드 방식의 대타협이 있은 후에 국가 주도 성장 정책을 쓰는 것이 낫지 않을까? 그렇지 않으면 오히려 양극화가 심화되지 않을까?

장 우리나라 정부가 발표하는 실업률이 실제 실업률보다 낮은 이유는 유럽에서는 자기가 실업자라고 하면 실업 수당을 받지만 한국은 그런 게 없기 때문에 한직이라도 해서 돈을 조금이라도 손에 쥐려고 하기 때문이다. 국가 주도 성장이 꼭 박정희 식을 말하는 것은 아니다. 정부가 해결할 마음이 있다면 실업률이 높아질 것을 감수하고라도 실업 수당을 주든지, 우리나라 정서에 맞게 한직이라도 일자리를 억지로 만들든지 하면 된다. 옛날 대공황 때 영국이나 미국이 했듯이 말이다. 또는 더 좋은 방법으로, 스웨덴, 노르웨이 등이 1970년대 석유 위기 이후에 했듯이, 사기업 부문에서 실업률이 올라가니까 공공 부문에서 직장을 많이 만들든지 할 수도 있다. 국가 주도 정책도 약자들을 보호하는 방식으로 할 수 있는 것이다. 일본의 경우, 대점포법이라고 해서 어느 정도 넓이 이상의 점포를 지으려면 주변 상인들의 동의를 얻어야 하는 법이 있다.

양극화를 줄이는 국가 개입. 우리나라에서 낯설게 들리는 이유는 정경 유착의 그림자 때문일 것이다. 특혜를 남발하는 정책 대신 공평무사한 법으로 '개입'하는 방법은 없을까. 법학자들은 '법과 민주주의'의 대립에 대해서 오랫동안 고민해 왔다. 즉 민주주의란 다수 독재인데, 다수는 언제라도 기본권과 같은 가치를 파괴할 수 있다는 것이다. 결국 다수가 마음대로 할 수 없는 헌법에 기초한 법치가 필요하지 않을까?

6. 국가 대신 법으로 하면 어떨까?

박 대기업들을 규제하기 위해 만들어진 공정거래법을 이야기해 보자. 시장주의자들은 이 법을 매우 중시한다. 실제 미국의 공정거래위원회는 우리나라의 것과는 비교도 안 될 정도로 엄청난 파워를 가지고 있다. 우리나라에서도 공정거래법이 중요한가?

장 대기업의 횡포를 막는다는 측면에서는 이런 법이 있어야 한다. 문제는 공정거래가 뭐냐는 것이다. 사회에 해악이 되는 정도를 시장 점유율로 파악해야 하느냐 아니면 행동으로 판단해야 하느냐 등의 논쟁이 있다. (중략) 슘페터는 지금은 독점으로 보여도 장기적으로는 기술 혁신에 의해 파괴되기 때문에 현재 독점하고 있다는 사실이 그렇게 중요한 게 아니라고 말한다. 슘페터 같은 사람이 볼 때는 당장의 시장 점유율이 아니라 기술 혁신이 자본주의의 요체이기 때문이다. 넓게 보면 마르크스, 하이에크 같은 사람들이 다 그런 식의 경쟁관을 갖고 있다. 시장 점유율 자체를 가지고 얘기하는 것은 현명한 게 아니다. 실제로 그걸 가지고 남용을 하느냐 안 하느냐가 더 중요하다.

박 주주자본주의나 공정거래법이나 둘 다 시장에서 기득권자를 통제할 수 있는 법이다. 전자의 해악은 이미 이야기했는데 후자도 해악이 있을 수 있다는 것인가.

장 공정거래법의 개념에 따라 내용은 상당히 달라질 수 있다. 계열사 간의 보조도 마찬가지다. 누구의 시각에서 보느냐가 중요하다. 금산분리법도 좋을 수도 있고 나쁠 수도 있다. 영국의 상황을 보면 꼭 나쁜 것만 같지는 않다.

박 국가 주도 성장 정책은 개인들이 내릴 결정을 국가가 대신 내려 주는 측면이 있기 때문에 자유에 대한 제약을 기본으로 한다. 이 때문에 발생하는 폐단은 없을까? 장 교수의 책을 보면 "자유주의 개혁 때문에 성장이 이루어지는 것이 아니라 성장이 이루어졌기 때문에 결과적으로 자유주의 개혁이 이루어졌다."라는 주장이 있는데 조금 위험한 주장이 아닐까? 소위 '개발 독재'를 지지하는 논거가 될 수 있다. 『쾌도난마 한국경제』 같은 경우는, 의도하지는 않았겠지만, 이명박 정부의 탄생에 기여했을 것 같다. '강력한 국가가 엘리트들의 힘을 빌려서 나라의 성장을 주도하는 것이 필요하다. 그리고 그런 과정에서 재벌도 나올 수 있지만 그것은 문제의 본질이 아니다.'라고 읽혔을 가능성이 있는데 어떻게 생각하는가?

장 일단 그렇게 이야기해 주면 설득력이 있다는 얘기이니깐 감사를 드려야 할 것 같지만 이명박에게서 박정희 냄새가 난다 해서 이명박을 찍었다면 유권자들이 내 책을 잘못 읽은 것이다. 정치적 자유주의와 경제적 자유주의는 구별되어야 한다. (중략) 그리고 정치적 자유주의를 확산시키기 위해서는 경제적 자유주의를 억압할 필요도 있다. 하지만 모든 개인들이 기본적인 생존권을 누리고 의료, 교육 등의 보장을 통해 자기 계발을 할 수 있는 최소한의 권리를 가질 때 정치적 자유라는 게 의미가 있다. 우리나라도 옛날에 그랬지만 가난한 나라들을 보면 유권자들한테 밀가루 한 봉지씩을 주면서 투표를 유도한다. 그런 상황에서 정치적 자유주의라는 게 얼마나 의미를 가지겠는가? (박경신: 즉 경제적 자유주의를 억압해서 국가 주도 성장도 하고 사회 보장 제도도 확충할 필요가 있다는 것인가?) 인도 정도의 소득 수준에서 갖는 정치적 자유주의의 질과 스웨덴 같은 나라에서 갖는 정치적 자유주의의 질은 다르다.

박 국가 개입을 우려하는 사람들은 국가가 항상 경제적 자유를 제약한답시고 정치적 자유를 제약하는 경우가 많다고 생각한다. 예를 들어 우리나라는 기존 법률 산업 종사자들을 보호하기 위해 정원제를 도입해 변호사 숫자를 OECD 국가 최저 수준으로 유지해 국민의 법률 서비스 접근권을 제약하고 있다. 이 때문에 개입을 하더라도 기본권 등과 같은 법 규범을 지키면서 하라는 것인데.

장 노사 분규가 있을 때, 정치인들은 흔히 "법대로 해결해야 한다."라고들 말한다. 하지만 그것은 법관이 할 이야기이지 정치가가 할 이야기는 아니다. 법이 해결 못 하는 걸 해결하고, 법이 잘못됐으면 바꾸라고 대통령이나 국회의원들을 뽑아 놓았는데 그 사람들이 앉아서 그런 식으로 이야기하면 되는가? 그런 식으로 우리나라에서는 법치주의가 잘못 인식되고 있다. 또 법치 자체도 중요하지만 법의 내용이 뭔가도 중요하다. 현재의 상황에서 법치주의를 강조하는 사람들이 지켜야 한다고 하는 바람직한 법이라는 것은 내가 생각할 때 안 좋은 법이다. 우리나라 사람들이 바보라서 그런 게 아니다. 지금 법치주의를 강조하는 사람들에게는 히든 아젠다(hidden agenda)가 있다. 정치의 영역을 축소시켜 법으로 만들려는 것이다. 특히 미국 같은 경우는 로비가 강하기 때문에 규제를 받는 기업들이 법을 만든다.

그러면 그 법이라는 게 중립적이지 않게 된다. 정치의 날개를 꺾는 도구로 법치가 쓰인다. 그런 면에서는 좀 걱정이 많다.

박 하지만 국가 주도 성장 모델에서도 산업 정책의 내용은 정치의 산물이 되어 버리지 않을까? 이에 대해 장 교수는 "민주주의로 요약되는 정치와 시장으로 요약되는 경제가 잘 조화를 이루어야 제대로 된 사회가 된다."라고 한다. 정책의 내용도 성숙된 정치를 통해 이해 당사자들 간의 대화를 통해 정할 수 있다면 받아들일 수 있다고 보는 것 같다. 하지만 정치인들의 덕에 의존하는 고전적인 공화주의는 너무 이상적인 것 아닌가?

장 이상주의적인 면이 있다. 그런데 이상이라는 게 없으면 항상 현실하고 타협할 수밖에 없다. 현실이라는 것은 항상 돈 많고 힘 많은 사람의 이익대로 돌아간다. 이상이 없다면 사회의 발전이라는 게 없을 것이다. 이상적이라고 해서 꼭 틀렸다고 할 수는 없는 것이다. 무엇보다도 이상향을 향해 가는 과정이 어렵고 힘들지만, 하다못해 600~700년 동안 서로 목숨 걸고 싸운 북아일랜드도 공존의 방안을 찾았는데 우리나라라고 왜 못하겠는가.

7. 우리나라도 세금을 더 걷어야 할까? 그럴 수 있을까?

박 장 교수는 미국식 자본주의에 대한 대안으로 핀란드 등 북유럽 국가들의 모델을 계속 이야기해 왔다. 하지만 이해 당사자들로부터 '파업을 하지 않는 대신 사회 복지 예산을 약속해 주는' 등의 타협을 이끌어 내려면 우선 강력한 정부가 필요하다. 북유럽 국가들도 조세율이 높고 우선 세수가 많기 때문에 사회 복지 예산을 약속할 수 있었던 것이다. 하지만 우리나라는 조세율이 OECD 국가 중에 가장 낮은 나라이다. 장 교수가 제시했던 비전을 '사회적 대타협'이라는 라벨로 정리할 수 있겠다. 사회적 대타협이 가능할까?

장 스웨덴의 경우를 보자. 지금은 세계에서 소득 세율이 가장 높은 나라지만, 처음 소득세가 도입된 게 1932년이다. 세금을 그렇게 싫어하는 미국도 1913년에 소득세를 도입했는데, 스웨덴은 우파가 반대해서 1932년 사회당이 집권할 때까지는 도입하지 못했다. 그런데 일단 도입되고 나니, 20~30년 걸리긴 했지만, 결국 세율이 상당히 높아질 수 있었다. 프랑스 같은 경우는 드골부터 시작해서 미테랑이 집권하기 직전까지만 해도 우파 헤게모니가 강해서 복지 예산이 유럽 평균 이하였는데, 미테랑의 임기가 끝나 사회당 정부가 물러날 때 보니깐 상위권으로 올라갔다. 이렇게 사람들이 한 번 그 정당성을 받아들이기 시작하면 금방 바뀔 수가 있다.

합의를 도출하는 것이 중요하다. 자주 드는 예지만 스웨덴 같은 경우도 1920년대만 해도 세계에서 파업률이 최고였는데, 1938년 사회적 대타협 후로는 파업률이 낮기로 유명한 나라가 되지 않았는가.

박 사회적 대타협이 가능하려면 국민이 국가를 믿어야 한다. 예를 들어, 조세율을 높이자는 운동을 못하면 결국에는 사회적 대타협도 불가능한 것인데 그런 운동이 지금 우리의 정치 상황에서 먹혀 들어갈까? 앞으로 20~30년 내에 한국에서 조세율을 높이는 것이 가능할까? 신자유주의 때문이 아니더라도 우리나라에서는 국가에 세금 많이 내고 국가에 의지하기보다는 '자수성가'를 하려는 이상이 훨씬 강한 것 같다.

장 그렇다. 하지만 우리나라가 세금을 많이 걷는다고 불평하는 것은 말도 안 되는 얘기이다. 우리나라 조세 부담률이 22~23퍼센트 정도인데, 우리보다 훨씬 가난한 브라질, 남아공 같은 나라들도 30퍼센트 정도는 된다. 소득 수준을 생각할 때 세금이 굉장히 낮은 것이다. (중략) 스웨덴은 세금 전에는 굉장히 불평등한데, 분배를 워낙 많이 하기 때문에 평등한 나라가 되고, 미국과 같은 나라는 세금 전에도 불평등하고 세금 후에도 불평등하다. 우리나라나 일본의 모델은 시장 자체를 제약해서 평등을 유지하는 모델이다. 룰 자체를 바꾼다는 게 쉬운 일은 아니다. 그러나 다른 나라들의 예들을 살펴볼 때 바뀌지 않을 것 같던 것도 합의가 형성되면 바뀔 수 있으며, 중요한 것은 당장 실현이 불가능하더라도 그것을 아젠다에 놓고 계속 논의를 하다 보면 사람들의 생각이 바뀔 수도 있다는 것이다. 또 복지가 얼마나 좋은 것인지를 경험하다 보면 사람들이 바뀔 수도 있다.

박 대통령 중임제 개헌이나 내각제 개헌 같은 것들이 필요한가? 성장 주도 정책을 시행하려고 해도 5년 임기 가지고는 어려운 면이 있지 않은가?

장 동의한다. 또 5년 단임제가 되다 보니깐 자꾸 자기 임기 내에 뭘 해야겠다고 생각해서 오류가 발생한다. 노무현 대통령이 한미 FTA를 급하게 추진한 것도 이런 원인이 크다고 생각한다. 하지만 단임제든 중임제든 임기의 끝은 있다. 그런 제약을 없애려면 내각제를 해야 한다. 그런데 내각제는, 지역구를 없애 버리면 몰라도 그러기 전에는 금권 정치가 되기 쉽다. 대통령을 하려면 전국을 사야 되니까. 물론 정치자금법으로 규제할 수는 있지만, 그럴 가능성이 높아진다고 본다. (박경신: 사회적 대타협에 성공한 핀란드 같은 곳은 다 내각제인가?) 다 내각제다. 그런 나라들은 옛날부터 계급 정치의 전통이 강하기 때문에 기본적으로 신자유주의 성향의 당 하나, 보수당 하나, 사회민주당 하나, 공산당 하나, 녹색당 하나 정도로 당들이 나뉘어 있다. 그렇게 스펙트럼이 뚜렷하니까 대략 안정이 되는데, 우리나라는 인물 중심으로 이합집산을 하는 편이다. 어쨌든 임기 문제를 해소하려면 해결책은 내각제밖에 없는 것 같다. 근데 문제가 그것만이 아니니까 다른 걸 고려하면 뭐가 좋은지는 모르겠다.

8. 인구가 많아도 대타협이 가능한가? 일본은 대안인가?

박 사회적 대타협에 성공한 스웨덴, 노르웨이, 핀란드, 싱가포르, 오스트리아 등은 모두 인구가 1000만 명이 안 되는 나라인데, 그래서 사회적 대타협이 가능했던 게 아닐까?

장 인구수는 그렇게 중요한 것이 아니고, 조직이 잘 되어 있었던 것은 사실이다. 우리나라는 경영자 단체가 5개인데, 노조는 2개에 조직률도 십몇 퍼센트 정도니까 그 사람들이 만나서 합의해 봤자 국민의 20퍼센트를 대표하기가 힘든데, 처음부터 그랬던 것은 아니지만 스웨덴과 핀란드는 노조 조직률 85퍼센트, 경영자 단체 한 개였기 때문에 합의하기가 더 쉬웠다.
인구수 자체는 그렇게 중요하다고 얘기할 수는 없는 게 스웨덴처럼 극적인 대타협까지는 아니더라도 타협을 이룬 프랑스, 독일 같은 나라들은 인구가 6000만~8000만 정도 되는 나라들이다. 단, 조직이 잘 되어 있어서 일사분란하게 통제가 되니깐 둘이 앉아 서명하면 최소한 국민의 80퍼센트는 따라온다. 우리나라는 대표성에 문제가 있다.

박 다른 나라 얘기를 하다 보니 일본이 많이 특이한 경우라는 생각이 드는데, 조세율이 높지 않으면서도 사회 복지 예산은 어느 정도 확보하고 있고, 그에 대한 국민들의 불만 역시 높지 않으며, 노조 조직률이 중요하지 않을 정도로 노사 간의 합의가 잘 이루어진다. 일제 시대 때문이기도 하지만 우리나라 법제도는 일본의 것을 많이 따른다. 어떻게 생각하는가.

장 일본도 예전엔 많은 갈등을 겪었다. 전공노에서 주도할 때는 파업률이 스웨덴은 말할 것도 없고 영국, 미국보다도 높던 시절이 있었다. 1960년대 초까지 그랬는데, 대기업과 대기업 노조가 합의를 한 것이다. 그런데 일본의 경우 국민의 절반 정도만이 이 합의 시스템에 끼어 있다. 스웨덴이나 핀란드에 비교하면 상당히 불공평하다.

9. 정리

박 장 교수의 진보성은 어디에서 나오는 것인가? 82학번으로 서울대 경제학과를 다녔으면 캠퍼스가 많이 시끄러웠을 텐데.

장 강의 시간에 사복 경찰들이 지켜보는 데서 수업을 받고, 잔디밭에 나가면 사복을 입기는 입었는데 전경인 게 뻔한 친구들하고 같이 밥을 먹고 그랬다. 나는 공부해서 바꿔 보자는 쪽에 가까웠다. 집회는 대학교 1, 2학년 때는 다들 몇 번씩 나가 보는 거니깐. 그때는 본격적으로 학생 운동에 참여하려면 인생 망칠 각오를 해야 하는 때였다. 그런데 재밌는 게 그때 나더러 기회주의자다 회색분자다 우파다 하던 친구들이 지금은 다 증권 회사 이사, 보수 언론 기자가 되었다. 나는 항상 같은 자리에 서 있었는데, 그사이 모두가 오른쪽으로 옮겨 가서는 이제 나보고 좌파라고 그러는데, 그만큼 시대가 많이 변했다는 얘기다.

박 전체적으로 보면 상당히 진보적인 입장에 서 있는 경제학자인데, 경제학을 하면서 어떤 동기로 그런 길로 들어서게 되었는가?

장 학생 때 느꼈던 부당한 것들에 대한 인식은 있었는데, 학교에서 가르치는 경제학은 완전히 도표로 수식으로 깔끔하고 아무 문제 없는 것 같은 좋은 세상 이야기만 하니, 군부 독재 시절에 식민지 출신 제3세계 국민으로서 괴리가 있음을 느꼈고 도대체 어떻게 해야 하는 것인가 이런 고민을 하다 보니 이런 길로 오게 된 것 같다.

박 인터뷰에 응해 줘서 감사하다. (끝)

논단

진보적 진화심리학

박 경 신

1. 양날의 칼 — 진화심리학

일부일처제가 인간 본성에 부합한다는 진화론적 설명은 보통 다음과 같이 전개된다.(직립 보행을 매개로 한 설명도 있지만 이런 민담 수준의 논리만으로도 충분하다.) 인간은 따뜻한 털도 사나운 이빨도 하늘을 날 날개도 가지고 있지 않은 매우 약한 종이고, 생존하기 위해서는 자신의 사회적 역할 및 도구 사용법을 배워야 하기 때문에, 연장자(부모)의 보호와 교육이 장기간 필요하다. 이에 따라 자기 자식을 장기간 보호하고 교육하는 데 적극적인 성향을 가진 사람들의 자식들이 더욱 많이 살아남게 되었고 그 유전자가 더욱 많이 다음 세대로 이전되었다. 그 결과 현존하는 인류 대부분이 부모가 자식의 보호와 교육을 위해 같이 살아가는 이른바 일부일처제라는 본성을 발현시키는 유전자를 가지게 되었다.

위의 논리를 잘 뜯어보면 진화심리학은 진화론 전체가 그렇듯이 순환 논리이거나 동어 반복인 것처럼 보인다.(진짜로 그렇지는 않다.) 진화심리학은 우선 1단계로 현재의 인간에게서 나타나는 행동은 그 조상 대에서 번식 능력을 높이는 행동이었을 것이라고 가정한다. 즉 그 행동은 조상들이 생식 시점

까지 살아남을 수 있도록 능력을 키웠음은 물론 그들의 유전자를 물려받은 후손들의 생존 능력까지 강화시켰다고 가정하는 것이다. 그리고 2단계로 어떻게 그 행동이 실제로 번식 능력을 높였는지를 설명한다. 예를 들어, 일부일처제가 현재 대부분의 문화에서 지배적인 가족 제도라면, 우선 그것은 일부일처제를 지향하는 성향을 발현시키는 유전자가 개체들의 번식 능력을 높여 왔기 때문이라고 가정한다. 그렇다면, 남는 것은 일부일처제가 어떻게 번식 능력을 높였는지를 설명하는 것뿐이다.

이 때문에 진화심리학은 설명해야 할 것들이 많다. 현재의 인류가 보여 주는 모든 행동은 그것이 지금 존재한다는 이유만으로 진화론적 타당성이 설명되어야 한다. 문제는 인간 군상이 너무나 다양하고 때로 상충하기도 한다는 것이다. 예를 들어, 일부일처제가 지배적인 관습인 것처럼 보이지만 혼외 정사 역시 지배적인 관습이다. 남성과 여성 대부분이 일부일처제를 통해 결혼하고 있지만 역시 그 대부분이 혼외정사를 즐기고 있다. 진화론이 말이 되려면, 여러 명의 섹스 파트너를 찾는 성향이 어떻게 사람들의 번식력을 증대시켜 현재 인류가 그렇게 널리 혼외정사를 즐기게 되었는지도 설명해야 한다.

결국 진화심리학은 일부일처제와 여러 명의 섹스 파트너라는 상충하는 두 가지를 동시에 정당화해야 한다. '혼외정사는 피곤한 결혼 생활의 스트레스를 줄여 주고 삶의 활력을 찾아 주며……'라는 식의 타협적인 설명은 경험칙에 어긋난다. 혼외정사는 발각될 경우 결혼 생활을 더욱 피곤하게 만

드는 것은 물론 아예 붕괴시킬 수도 있고 그렇게 되면 그 자식들의 생존력은 더욱 낮아질 것이기 때문이다. 사유 재산 제도와 도둑질의 관계도 이와 비슷하다. 손쉽게 생존 수단을 얻으려는 본능만으로 도둑질을 설명할 수는 없다. 도둑질을 하게 되면 사회적으로 격리될 수 있기 때문에 생존 가능성이 도리어 떨어진다. 이런 이유로 도둑질을 하는 사람들의 숫자는 세대가 바뀌어도 더 늘어나지 않는 것이다. 혹자는 '그렇다면 혼외정사도 늘지도 줄지도 않는 도둑질 정도로 이해하면 되지 왜 그것이 가진 진화론적 의미에 대해 관심을 보이는가.'라고 반문할 것이다. 그러나 도둑질이 합법화될 가능성은 없는 반면 혼외정사의 합법성 및 도덕성 여부에 대해서는 지금도 치열한 논쟁이 계속 진행되고 있다.

이 글에서는 혼외정사와 일부일처제가 병립하는 이유를 살펴보며, 진화심리학이 가지고 있는 진보적인 잠재성의 윤곽을 확인하고자 한다.

2. 여성도 혼외정사를 원한다

남성과 혼외정사의 관계는 진화론적으로 설명하기 쉽다. 남성은 되도록이면 많은 여성들에게 자신의 정자를 퍼뜨리려 한다. 물론, 이 말은 원래 남성이 그런 성향을 가지고 있다거나 그런 남성이 더욱 우수하다는 뜻이 아니다. 단지 그런 성향을 가진 남성 개체들의 유전자가 더 많이 후세에 전해져 현재의 남성 개체들은 대부분 그런 유전자를 가지고 있다는 뜻이다. 그렇다면 여성은 왜 다를까? 왜 남성의 조상들 사이에서처럼 자신의 난자를 확산하려 한 여성 개체

들이 더 많이 살아남지 않았을까? 그랬다면, 여성들도 남성들처럼 섹스에 개방적이라면, 이 세상은 훨씬 더 아름다워지지 않았을까?

그 이유는 여성은 여성이기 때문이다. 생물학적으로 여성의 정의 자체가 더 큰 생식 세포를 가진 쪽을 말한다. 더 큰 생식 세포를 가지고 있다는 것은 대개 그 생식 세포를 만들기 위해 그리고 수정 이후에 수정란을 보호 및 양육하기 위해 남성보다 더 많은 시간과 힘을 투자해야 한다는 의미이다. 난자 한 개당 1개월 그리고 아이 한 명당 10개월에 이르는 상당한 시간을 투자해야 하기 때문에 여성의 입장에서는 여러 명의 아이를 낳아서 번식하려 하다가 모두 실패하는 것보다는 '소수 정예'를 키우는 것이 자신의 번식에 도움이 되는 것이다. 물론, 10개월이라는 긴 임신 기간을 가지는 것도 그와 같이 오랫동안 산모의 배 속에서 성장한 후 세상 밖으로 나오도록 하는 유전자들을 가진 개체들이 임신 기간이 짧은 유전자를 가진 개체들보다 오래 살아남았기 때문이다.

결국, 여성은 자신의 섹스 상대를 선택할 때 남성보다 훨씬 엄격해진다. 더욱 강한 생존력과 생식력을 가진 남성의 유전자를 받고자 하는 것이다. 이것은 남성도 마찬가지이긴 하지만 남성은 섹스 상대를 잘못 선정하는 데에 드는 비용이 얼마 되지 않는 반면, 여성은 매우 크기 때문에 '다다익선'의 전략이 통하지 않는다. 남성들은 자신의 정자를 무조건 많이 퍼뜨리(고 말)면 되지만 여성은 한 명의 남성을 '잘' 선택해야 한다. 어떻게 하면 단 한 명의 남성을 선택하되 가장 뛰어난 남성을 선택할 수 있을까? 바로 이 문제 때문에 여성과 혼외정사의 관계는 매우 복잡해진다.

로빈 베이커(Robin Baker)가 『정자 전쟁(Sperm Wars)』(1996)에 쓴 내용이 진실이라고 전제한다면, 궁극적으로는 여성의 전략도 남성의 전략과 비슷하다고 결론 내릴 수 있다. 여성도 남성과 마찬가지로 되도록이면 많은 남성들과 섹스를 하고자 한다. 그렇게 하면 경쟁자의 수가 많아지면서 경쟁의 강도가 더욱 치열해지고 이에 따라 더욱 질 좋은 유전자를 남성으로부터 받을 수 있다. 인간 여성이 다른 동물의 암컷들과 다른 점은 최종 선택의 방법에 있다. 다른 동물들의 경우 수컷들이 자기 앞에서 피 터지게 싸워서 승리한 한 놈만 남을 때까지 암컷은 고고히 선택을 미룬다. 이와 달리 인간 여성들은 가임기를 숨겨서 우선 여러 남성들의 정자를 얻어낸 후에 그들의 정자들이 자신의 질 내에서 대리 전쟁(고로, 책의 제목인 "정자 전쟁")을 벌이도록 한다는 것이다!

왜 인간 여성은 이런 전략을 택했을까? 아마도 인간 남성들이 스스로 여성을 놓고 피 튀기며 경쟁하지 않기 때문일 것이다. 남성은 경쟁자가 있음을 알게 되면 곧바로 그 여성을 떠나는 것이 보통이다. 그렇다면 인간 남성은 왜 그렇게 되었을까? 순환 논리인 듯 보이지만, 결국은 역시 여성의 가임기가 숨겨져 있기 때문 아닐까? 가임기를 알 수 없으니 상대가 이미 다른 남자의 정자를 품고 있는지도 모르는 상황에서 생명을 걸고 싸우기보다는 우선 물러서서 다음 차례를 기다리거나 다른 상대를 찾는 것이 진화론적으로 더욱 우세한 전략이 될 것이다.(그렇기 때문에 인간 남성들은 하나의 우수한 여성을 두고 싸우기보다는 더욱더 많은 섹스 상대를 찾아 나선다.) 물론 남성들이 스스로 싸우지 않기 때문에 남성의 정자를 통한 대리 전쟁을 촉발하기 위해 여성은 더욱더 가임기를 숨겨야 한다. 남성이 가임기를 알게 되면 이미 잉태가 된 후에는 섹스가 무의미함을 알고 다른 남성들이 더 이상 관심을 가지지 않게 되기 때문이다. 가임기가 숨겨지면서 인간 남성들이 시도 때도 없이 달라붙게 되었고, 그와 같은 열광적인 경쟁 속에서 파트너를 택한 여성들의 유전자가 현세에 전해 내려온 것이다.

서로 다른 남성의 정자들이 한 여성의 질 내에서 경쟁을 한다는 것은 생각만 해도 끔찍한 일이지만—그래서 이 책을 직접 읽으라고 권하고 싶진 않다.—베이커의 연구에는 재미있는 알리바이가 있다. 다른 남성의 정자와의 경쟁에서 이기는 것도 중요하지만 누구의 정자를 막론하고 '상대를' 이기는 것이 더 중요하기 때문에 한 사람의 정자 내에도 여러 모양과 역할을 가진 정자들이 존재한다는 것이다. 다른 정자를 공격하는 정자까지도! 베이커의 연구 결과가 알려지기 전까지 우리의 중등학교 생물 선생님들은 바로 이 정자들이 '건강하지 못한 정자'라고 자랑스럽게 알려 주곤 했다. 난자에 도달할 능력을 갖지 않았다는 의미에서는 맞는 말이다. 하지만 중요한 것은 이들의 목표가 난자에 도달하는 것이 아니라는 점이다.

물론 그렇다고 지금 당장 현대 여성들의 몸속에서 정자 전쟁이 치러지고 있을 정도로 사나흘이 멀다고 혼외정사가 일어나고 있다는 얘기는 절대 아니다. 베이커가 이것은 설명하지 않은 탓에 아마 독자들은 더 몸서리쳤을 것이다. 오늘날에는, 이유가 자본주의인지 무엇인지 모르겠지만, 여러 가지 이유로 활발한 정자 전쟁은 발발하지 않고 있고 일부일처제가 자리를 잡아 가고 있다. 우리 인류가 수렵 채취로 연명하던 시절에 이와 같은 전쟁이 치러졌다는 것이고 그 성향이 현대 여성들에게도 '꼬리뼈'처럼 남아 있다는 것이다. 아래에 설명하는 모든 내용 역시 현재가 아니라 원시 시대를 배경으로 한 것임을 다시 밝힌다.

3. 인류는 왜 남녀 모두가 원하는 혼외정사를 포기했을까

그렇다면 여기서 정리해 보자. 남성도 여성도 보다 다양한 섹스 상대를 원한다. 그렇다면 우리는 우리 스스로는 바람 피우길 원하면서 자신의 섹스 상대는 독점하기를 원하는가? 남성은 철저히 이율배반적이고 진화론적으로 설명된다. 여성은 되도록 많은 남성과 접촉하기 위해 자신의 가임기를 숨긴다고 위에서 얘기했다. 이에 대한 남성의 대응 전략은 자신의 상대가 정해지면 그 여성을 독점하는 것이다. 여성이 많은 남성들과 접촉하게 되면 남성은 자신이 정말 그 여성이 잉태한 아이의 아빠인지 알 수 없어 양육에 투자를 하지 않는다. 결국 남성은 자신의 경쟁자들이 자신의 파트너와 접촉하지 못하도록 막아야 한다. 이렇게 독점적인 성향을 가진 남성이 자기 자식을 정확히 가려내며 길러 왔기 때문에 현재 태어난 남성들은 불 같은 질투를 가지고 태어난 것이다.

그렇다면 여성은? 지금까지 확인된 명제들을 다시 정리해 보자. 첫째, 남성은 되도록 많은 여성을 가지고자 한다. 둘째, 여성 역시 되도록 많은 남성을 가지고자 한다. 단, 일단 잉태(수정)가 이루어지면 더 이상 여러 남성이 필요하지 않고 여러 남성을 거느릴 수도 없다. 셋째, 남성은 우선 자신의 섹스 상대로 정해진 여성을 독점하고자 한다. 여기서 의문이 생긴다. 이와 같은 상황에서 우리는 일부다처제를 해도 괜찮은데 왜 일부일처제를 선택했을까? 결국 여성도 남성을 배타적으로 소유하고 싶어 해서일까?

베이커는 전 세계의 수많은 남성과 여성 들에게 자신들의 바람이 인륜에 부합한다는 희망적인(?) 메시지를 안겨 주었지만 일부일처제에 대해서는 가타부타 답을 제시하거나 힌트를 주지 않았다. 단지 '혼중 정사'가 어떻게 섹스 상대에 대한 남성의 독점 메커니즘을 완성하는지를 밝혔을 뿐이다. 베이커는 혼중 정사인가 혼외정사인가에 따라 남자의 정액 구성이 질적으로 다르다는 결과를 보고한다. '혼중 정사'의 경우, 남자의 정액 속에는 다른 정자를 막아 내거나 공격하는 정자들이 정작 수정 능력을 가진 정자들보다 많아진다. 자신

의 짝과의 수정보다는 경쟁자의 정자에 대한 방어가 더욱 중요해지기 때문이다. 이것이 일부일처제를 정당화하지는 않는다. 여성에 대한 남성의 독점은 일부다처제하에서도 가능하다. 오히려 베이커는 여성의 경우에도 혼중 정사인가 혼외정사인가에 따라 질 분비물과 오르가슴 시의 질 수축 작용이 확연히 달라져, '혼중 정사' 시에는 수정을 더욱 어렵게 만든다고 한다. 그리고 '외도'를 할 때 더욱 강한 오르가슴을 느끼게 되고 수정될 가능성도 두 배가량 높아진다고 한다. 여성은 여러 명의 파트너에게 동시에 기회를 줄 때 정자들 사이의 경쟁에서 최선의 유전자를 얻을 수 있기 때문이다. 즉 여성 입장에서는 진화론적으로는 외도를 계속하는 것이 더 유리할 수 있다.

로버트 라이트(Robert Wright)는 『도덕적 동물(Moral Animal)』(1994)에서 일부일처제는 여성들이 남성을 배타적으로 소유하길 원하기 때문에 생긴 것이 아니라고 말한다. 남성은 가임기가 정해져 있지 않고 언제라도 여성에게 사정할 준비가 되어 있다. 부족한 것은 난자이지 어디서든 솟구쳐 나올 준비가 되어 있는 정자가 아니다. 그러므로 여성이 자신의 섹스 상대인 남성을 독점할 진화론적인 이유는 존재하지 않는다. 물론 자기 자식을 같이 길러 줄 남성이 필요하긴 하지만 능력만 있다면 그 남성이 자기 자식만을 길러야 할 이유는 없다. 일부다처제하에서는 도리어 여러 여성들이 우수한 한 남성의 정자를 공유할 수 있기 때문에 여성 대다수에게 더욱 유리하다는 것이다.(거꾸로 여러 남성들이 우수한 한 여성의 난자를 공유할 수 없는 이유는 설명하지 않아도 괜찮으리라.)

그렇다면 도대체 왜 일부일처제인가? 라이트에 따르면 일부다처제를 택하는 것은 남성 대다수에게 손해이기

때문이다. 왜냐하면 남성은 자신의 상대가 몇 명이 되었든 독점하려는 성향을 가지고 있어서 몇 명의 우수한 남성들이 여성들을 독점하면 나머지 다수의 남성들이 여성을 가질 수 있는 기회가 줄기 때문이다. 남성들 사이에서 다수가 소수의 독점을 방지하고 여성을 한 명씩 나누어 가질 수 있게 된 것이 일부일처제의 기원이다. 그 증거로 라이트는 역사적으로 사회 경제적으로 불평등한 사회일수록 일부다처제의 성향이 강했음을 보여 준다. 그러다가 자본주의 사회가 사회 경제적 불평등을 어느 정도 해소하고 귀족—천민의 구별을 철폐하면서 일부일처제가 자리 잡게 되었다. 그러나 라이트에 따르면, 자본주의가 발전하면서 경제적 불평등이 다시 심화되자 순차적 일부다처제(serial polygamy) 및 혼외정사의 형태로 일부다처제가 다시 전면에 등장하고 있다.(이 설명을 따르자면 일부일처제는 남성들이 협상의 주체로 나서면서 다수 여성들을 희생시켜 다수 남성들을 보호하기 위해 채택한 제도라는 것이다. 여성들이 협상의 주체였다면 어땠을까? 다수의 여성을 위한 제도는 다수의 여성들이 우수한 남성들의 능력을 공유하는 일부다처제일까?)

하지만 라이트의 설명에는 큰 문제가 있다. 진화심리학이 상정하는 진화의 추동력에는 소수에 대한 다수의 제어 또는 다수를 위한 소수의 희생 또는 다수와 소수의 협상 등 어느 것도 포함되어 있지 않다. 진화의 단위는 종이 아니라 각 개체이고 — 리처드 도킨스(Richard Dawkins)에 따르면 개체도 아니고 사실은 그 개체가 가지고 있는 유전자(cistron)이다. — 진화의 추동력은 이들의 의식적인 판단이 아니라 이들이 자기 유전자를 다음 세대로 전달할 수 있는 능력과 그 능력을 발현하려는 의지이다.

그렇다면 도대체 어떻게 인간들은 전체의 이익을 위해 — 다수의 이익이 전체의 이익에 더 가깝다는 가정하에 — 일부일처제를 유지해 온 것일까? 우리는 '강압적으로' 종(種) 전체의 이익을 위한 제도를 채택하고 소수를 희생시켰던 것이다. 존 롤스(John Rawls) 식의 무지의 베일(veil of ignorance) 뒤에서 정치적 협상이 이루어졌을 수도 있고 일부일처제로 다수 남성의 이익을 보호한 사회가 그렇지 못한 사회와의 경쟁에서 이겼기 때문일 수도 있다. 실제로 서구의 일부일처제 사회가 정복한 사회들 중의 일부는 일부다처제 사회였다. 중요한 것은, "이기적 유전자"로 대표되는 진화심리학자의 설명의 끝에는 개인의 이익에 우선하는 집단 전체의 이익이 있다는 것이다.

4. 진화심리학의 진보적 가능성

개인의 이익을 통해 집단의 이익을 발견하는 과정은 진화심리학이 가질 수 있는 진보적 가능성을 보여 준다. 미국 진화심리학계의 대표적인 보수 논객인 스티븐 핑커(Steven Pinker)의 『빈 서판(Blank Slate)』을 뜯어보자.

핑커에 따르면, 정치적 진보와 보수는 인간 본성에 대한 서로 다른 이해에서 출발해 사회를 어떻게 변화시킬 것인가에 대한 견해에 따라 나뉜다. 보수 진영은 인간 본성이 기본적으로 이기적임을 인정하고 이들의 본성이 최대한 발현되도록 하는 사회가 이상적인 사회라고 주장한다. 반대로 진보 진영은 이상적인 사회의 비전을 상정하여 이 비전을 실현하기 위해 개별 구성원들에게 이기적인 본성을 억제하고 비전의 실현에 참여할 것을 요구한다. 예를 들어, 진보 진영에서 세금을 더 걷어 사회 복지를 늘리자고 하면, 보수 진영은 이기적인 공무원들이 세금을 제대로 이용하지 않을 것이며 이기적인 사람들이 사회 복지를 악용할 것이라며 이를 반대한다. 보수 진영에서는 그저 사람의 진화론적 본성대로 각자 알아서 이기적으로 살아가야 한다고 주장한다.

이에 대해 에드워드 윌슨(Edward Wilson)과 리처드 도킨스로 대표되는 진화심리학과 사회생물학은 우리가 현재 가지고 있는 감정, 행동 및 제도 등은 우리 조상들의 번식력을 향상시켜 왔기 때문에 물려받게 된 것이라고 설명했다. 보수 진영은 이 설명을 이용해 인류의 발전을 위해서는 이기심의 발현을 더욱 장려해야 한다는 주장을 강화해 왔다.

그러나 진화심리학과 사회생물학은 진보 진영의 주장을 강화할 수 있다. 전통적으로 보수는 개인의 책임을 강조하지만 진보는 규정론을 강조한다. 보수는 한 사람의 성공 여부가 그 자신에게 달려 있다고 생각하기 때문에 환경의 변화에 관심이 없지만, 진보는 환경이 커다란 제약 조건이 된다고 생각하기 때문에 환경의 변화에 관심이 높다. 이때 개인에게 환경은 사회이며, 더 나은 환경이 가능하다는 게 이들의 생각이다.

그런데 진화심리학의 기본 명제는 사람은 주어진 환경에서 자신의 번식력을 가장 크게 높이는 방향을 채택한다는 것이다. 이 명제의 핵심적인 부분은 '주어진 환경'이다. 진화심리학은 인간 본성을 연구하는 학문이지만 그 본성은 환경과의 상호 작용을 매개로 구성되고 표현된다. 예를 들어, 인간이 물을 싫어한다는 명제는 물이라는 환경적인 요소를 언급하지 않고는 서술될 수 없다. 양육과 본성 논쟁은 애초에 성립하지 않는다. 환경이 없는 상황에서의 본성은 존재하지 않는다. 진화심리학은 환경적 규정론과 유전적 규정론의 투쟁에서 후자의 손을 들어 주는 것이 아니라 — 그런 투쟁은 애초에 존재하지 않는다. 태어날 때부터 똑똑한 아이가 있는 것이 아니라 '주어진 환경 속에서' 똑똑해지는 아이가 있을 뿐이다. — 전체적으로 규정론적 입장을 더욱 강화해 준다. 예를 들어, 한 학생이 공부를 못하는 이유를 그 학생에게서 찾는 것이 아니라 그의 환경(가정과 학교에서 부여되는 동기들)과 그 학생이 우연히 가지게 된 유전자의 상호 작용에서 찾도록 하는 것이다. 양육(nurture)과 본성(nature)은 상호 충돌하는

것이 아니라 그 학생의 자유를 동시에 제약하는 것이다. 진화심리학은, 이 학생을 더욱 자유롭게 하기 위해서는 환경을 변화시켜야 하고 이를 위해 사회 취약 계층을 위한 특례 제도가 필요하다는 주장을 뒷받침할 수 있다.

"진화심리학은 인간이 어떻게 살아왔는가에 대한 연구이지 어떻게 살 것인가에 대한 연구가 아니다. 인간이 어떻게 살아왔는가에 대한 인식은 어떻게 살 것인가를 논의하기 위한 길을 밝힌다." 물론 이 말은 보수적인 진화심리학자나 사회생물학자들이 오해나 공격을 피하기 위해 항상 해 왔던 말이다. 하지만 이 말은 진실이다. 그들은 또 말한다. "자연은 사람들이 행복하며 살도록 사람들을 디자인하지 않았다." 그렇다면 스스로 행복하게 살 수 있도록 만드는 것은 사람들의 몫이다.

 박경신 // kyungsinpark@korea.ac.kr

고려대학교에서 미국 헌법, 영화법 등을 가르치고 있으며, 운동과 과학에 관심을 가지고 있다. 살았던 곳: 안면도→대전→LA→보스턴→LA→시애틀→포항→서울(현재)

우리의 다문화
—누구를 위한, 어떤 다문화인가?

오 최

다문화 열기가 뜨겁다. 다문화에 관한 논의들이 가히 붐이라고 할 수 있을 정도로 공론장에 범람하고 있다. 다문화에 대한 열광과 환호에는 국가와 비국가 기구, 담론 진영과 활동가 집단 사이의 차이를 찾아보기 힘들다. 정부 각 부처는 앞다투어 다문화 정책을 입안하고, 자신들만의 다문화 참호를 구축하기에 여념이 없다. '다문화가족지원법'과 '거주외국인 지원조례'가 제정된 바 있으며, 다문화가족지원센터를 비롯 각종 관련 공공 시설들이 전국 각처에 속속 세워지고 있다. 몇 년 전만 해도 정부에 의해 "반한 단체"로 지목되는 '수모'를 감내해야 했던 이주민 지원 단체들도 다문화 의제에 있어서만큼은 정부의 굳건한 파트너 역할을 마다하지 않고 있다. 학계에서도 다문화는 현재 가장 잘나가는 연구 주제 중의 하나이다.

유엔인종차별철폐위원회가 연속적으로 확인시켜 준 바와 같이 '단일(민족)'과 '순혈(주의 문화)'의 긍지를 고수하고 있는 세계적으로 드문 사례에 해당하는 한국 사회에서 다문화가 이처럼 뜨거운 관심의 대상이 되고 있다는 것은 놀라울 정도로 전향적인 일이 아닐 수 없다. 한데 무언가 석연치 않다. 잠깐만 그 속내를 들여다보면 이상한 점이 한둘이 아니다.

우선 다문화가 무엇인지(나아가 어떤 방식으로 추구되어야 하는 무엇인지)에 대한 고민을 찾아보기 힘들다. 다문화는 논쟁적인 개념이요, 이데올로기이다. 각 사회가 경험하고 있는 다문화의 경로와 맥락은 모두 다르다. 다문화를 지향하는 방법론과 관련한 논쟁의 철학적 · 정치적 스펙트럼은 더욱 넓다. 다문화는 민족(혹은 국민) 국가, 산업주의, 자본주의, 민주주의 등의 근대 제도들과 그에 대한 강박(혹은 중독)적인 믿음 체계들 자체에 대한 도전을 뜻할 수도, 부분적인 개혁(이를테면, 시민권의 탈민족국가적인 확장)을 뜻할 수도 있다. 다문화의 주체는 공동체가 될 수도, 개인이 될 수도 있다. 국가가 될 수도 다중이 될 수도 있다. 이런 탓에 다문화는 언제나 '어떤' 다문화일 수밖에 없으며, 그 '어떤' 다문화조차도 '모든' 논전에 개방되어 있다는 점에서 잠정적이며 상대적인 성격을 가질 수밖에 없다.

1. 잘나가는 키워드 '다문화'의 허와 실

우리는 '어떤'에 대한 별다른 고민과 논쟁을 생략한 채 '거스를 수 없는 대세'로서의 다문화주의에 꽂혀 있다. 그래서 우리의 다문화는 '시대적 전환'의 키워드를 자임하며 질주하고 있음에도, 내용이 없다. 다문화가 비허구적인 것이 되기 위해서는 두 가지가 필요하다. 다문화와 충돌하는 정부의 이주민 정책들은 폐기되어야만 한다. 우리의 '이웃'으로서 법이나 제도적인 차원에서는 포착하기 어려운, 이주민들의 '다른 삶'을 이해하고 존중해야만 한다. 하지만 이주 노동자들의 정주화 방지를 목적으로 제정한 3년 단기 로테이션 정책과 가족 동반 불허 정책은 여전히 유지되고 있다. 이주민들은 여전히 '규모'라는 면에서만 관심의 대상이 되고 있을 뿐이다. 중국, 베트남, 필리핀, 인도네시아, 몽골, 스리랑카, 방글라데시, 네팔 등 장기 체류 이주 노동자들의 대표적인 출신 국가들이 우리가 경험해 보지 못한 다민족, 다인종, 다언어, 다종교 사회들이란 점에 대해 우리는 둔감하다. 그들에게 다문화가 현실이요, 전투라는 사실은 우리에게 별 의미가 없다. 그들 사회에서 수십 년에 걸쳐 소수 민족들의 분리 및 자결권 투쟁이 진행되고 있으며, 그 과정에서 수많은 사람들이 희생되고 있음은 주지의 사실이다. 그들 사이의 어떤 '문화적' 차이가, 그리고 그 차이에 대한 어떤 억압과 불인정이, 그들로 하여금 죽음까지도 감내하게 만드는 것인지, 우리의 다문화는 도무지 관심이 없다.

우리가 이주민 소수자들의 (현실적인) 다문화에 무감각하듯이, 이주민 대중 역시 우리의 (당위적인) 다문화에 무관심하다. 사실은 냉소적이고 비판적이다. 그들이 보기에 우리의 다문화는 기만적이다. 다문화에 대한 식을 줄 모르는 열기에도 불구하고 이주민 소수자들의 상황은 전혀 나아지지 않고 있다. 다문화의 기치 아래 이주민 소수자들의 생존권 문제는 오히려 주변화되어 버렸으며, 이주민들 사이의 법적, 계층적, 인종적, 문화적, 젠더적 위계는 심화되고 있다. 미등록 체류자들에 대한 반인권적인 단속 추방 역시 날로 격렬해지고 있다. 하루가 다르게 새로운 버전으로 출시되고 있는 다문화라는 인기 '시리즈물'에서 정작 주인공이라고 할 수 있는 이주민 소수자들에게 주어진 배역은 없는 셈이다. 그들의 역할은 단지 동원되는 관객일 뿐이다.

2. 이주민들의 눈으로 본 우리의 다문화

우리의 다문화는 이처럼 뜨겁지만 분열적이다. 다문화에 대한 우리의 열기가 뜨거워질수록 이주민 소수자들의 권태와 노여움도 깊어져만 간다. 다문화를 이야기하면 할수록 오히려 우리의 '우리다움'만이 확인되고 강화된다. 다문화에 대한 번잡한 수선스러움의 그 어디에서도 이주민 자신들의 목소리는 들어볼 수가 없다. 그대와 내가 꽂혀 있는 다문화가 정녕 이러한 다문화였을까? 아마 그럴 것이다. 그러나 만약 다문화에 대한 반성조차도, 다문화에 꽂힐 수 있는 것도 우리요, 그를 씹을 수 있는 것도 우리뿐이라는 발상에서 비롯되는 것이라면, 굳이 반가워할 이유가 없을 것이다. 우리의 다문화가 어떤 다문화인가, 그를 평가할 수 있는 유일한 권위는 우리가 아니라 이주민 대중에게만 주어질 수 있을 것이다. 이주민 소수자 대중에게 과연 우리의 다문화는 어떤 다문화일까?

첫째, 이주민 대중이 '할 일이 없는' 다문화이다. 간단히 말해, 정작 주인공이 빠진(혹은 주변화되는), 주최 측만의 다문화인 셈이다. 주최 측만의 다문화는 관계와 감정의 민주화는 차치하고 민주주의의 형식적인 기본조차도 폄훼하는 폭력적인 다문화에 가깝다. 근대의 민주주의는 국적을 가진 시민권자들 '내부'에 제한되는 '다수'가 지배하는 민주주의였다. 소위 대의 민주주의가 그 이름이다. 그 한계는 자명해서, 비국적자들과 비시민권자들은 민주주의의 '외부'로 배제된다. 소수자들의 입장은 '사적인 것'으로 주변화된다. '내부의 다수자', 근대는 그들을 주체라고 호명한다. 그

밖의 모든 존재들은 타자가 된다. 근대 민주주의는 그런 점에서 주체와 타자 사이의 자의적인 힘과 덕의 불평등성에 기초한, 배제의 폭력이요, 수의 독재이기도 했던 셈이다. 다문화는 기본적으로 근대적 주체와 타자 사이의 자의적이며 폭력적인 위계적 이분법을 파쇄할 것을 목표로 하는 민주주의의 심화 프로젝트이다. 물론 주최 측의 다문화는 예외이다.

"센터(다문화사업 주관 엔지오)가 자기들 마음대로 우리한테 오라 가라 하는 것에 대해 우리는 마음이 불편해요. 우리를 활용만 하고 책임은 지려 하지 않는 것은 문제지요. 이주 노동자들은 형식적인 존재일 뿐 센터 활동에 대한 결정권이 전혀 없거든요."

주최 측의 다문화가 시연되는 무대는 이주민 소수자들이 자기 결정권을 발휘하고, 문화적 자존감을 표출할 수 있는 대안적인 공간이 결코 아니다. 주체와 타자 간의 불평등 관계가 더욱 오롯이 환기되고 강화되는 불편할 무대일 뿐이다.

"센터에서는 언제나 오면 도와주겠다고 하지만, 우리는 '같이 하자'는 말을 듣고 싶지, 도와준다는 말을 듣고 싶은 게 아니거든요. (그래서) 한국인들이 준비해 주는 행사들이 많은데 일시적으로 즐길 수는 있지만 마음에 와 닿지는 않아요……. 우리를 이제 그만 좀 가지고 놀라고 말할 때도 있지요."

둘째, 지나친 오지랖(간섭)과 차가운 외면이 교차하는 조울증적인 다문화. 우리의 다문화는 정작 문화적인 배려가 필요한 사람들은 모른 체하고, 문화적인 활동 자체가 불가능하거나 불필요한 사람들을 향해서는 집착을 거두려 하지 않는다.

"사실은 순순히 노동하러 온 사람들(고용허가제로 입국한 단기 체류 방문 이주 노동자들)은 한국 사회에서 사는 것도 아니지요. 다른 데 놀러도 안 가고, 일하는 것 이외에 보통 동향들과 모여서 얘기 나누고 밥 먹고 그러는 게 전부거든요. 아니면 그냥 집에서 쉬거나. 그래서 한국 사회에서 체험한 것도 별로 없어요.(그럴 필요도 못 느끼고요.)"

우리의 다문화는 "한국에 잠시 있다가 간다고 생각하기 때문에 여기에 적응할 문화적 동기나 이유가 별로 없어요."라고 말하는 그들을 아주 성가시게 한다. 반면에 "지금 내 몸에 흐르는 피만 ○○○인지, 생각하는 거 먹는 거 모두 한국인이나 마찬가지예요."라거나 "○○○랑 한국의 차이, 다 잊어버렸어요. 나는 ○○○사람이 아닌 것이나 마찬가지예요, 물론 그렇다고 한국 사람이라고 볼 수도 없지요."라고 말하는 사람들을 향해서는 냉담하게 등을 돌린다. 우리의 다문화에 의해, 10년가량 한국에서 생활해 한국 생활에 능통한 이방인들, 이를테면 정체성의 혼종화를 경험하는 (말 그대로) 다문화적인 주체들(대부분이 장기 체류 미등록 이주 노동자들)은 오히려 항상적인 추방의 공포와 불안 속에 방치되어 버린다. 우리의 다문화는 합법적인 체류 자격이 있는 사람들에게만 가능한 다문화이다.

셋째, 축제라기보다는 '잔혹극'에 가까운 다문화이다. 생존의 문제와 기본적인 생활의 문제를 생략한 채, '문

논단

화 간 공존과 소통'만을 읊조리고 있는 탓이다. 언제 단속에 걸려 추방될지 몰라 늘 불안한 사람들, 쉴 새 없는 잔업과 특근으로 "집에 돌아오면 라면 끓일 힘도 없는 사람들"에게 문화란 과연 어떤 의미를 갖는 것일까?

"행복이란 무엇인가요? 기본적인 것을 가지고 누릴 수 있는 것이라고 생각합니다. 아주 기본적인 것들. 한데 미등록 체류자이기에 그런 것이 전혀 없습니다. 그러다 보니 생활하는 것 자체가 불안의 연속입니다. 어디를 나가도 늘 좌우를 살펴야만 하거든요."

"한국은 이주 노동자와 관련해 국제 노동 기구(ILO)의 협약도 인정하지 않고 있습니다. 가족 동반도 불허하고 자녀들에 대한 교육권도 허용하지 않습니다. 비인간적인 단속 과정을 통해 수많은 이주 노동자들이 추방당해 왔습니다. 많은 이주 노동자들이 자살했거나 사망했습니다. 한국 정부는 이주 노동자들의 생활에 대해서는 전혀 책임지려 하지 않습니다. 불합리한 로테이션 제도를 통해, 말과 문화를 익힌 숙련된 이주 노동자들을 재활용 쓰레기처럼 취급하는 게 전부니까요."

생존과 생활의 자유가 결여된 이주민 소수자들에게 문화를 강요하는 것은 잔인한 일이 아닐 수 없다. 우리의 '잔혹극' 다문화는 기본적인 생존과 생활의 연속성에 대한 정당한 요구를 문화적 둔감함으로, 나아가 천박한 경제주의에 매몰된 문화적 둔감함으로 매도하는 일을 서슴지 않는다.

넷째, 그러나 천박한 경제주의, 시장 논리에 매몰되어 있는 것은 이주민 소수자들이 아니라 우리의 다문화이다. 우리의 다문화는 사실 '다문화 마케팅'에 가깝다. 이 점에서도 정부와 엔지오는 별로 다르지 않다.
다문화라는 이름으로 기획되고 있는 대표적인 토목 마케팅은 모 지자체가 추진하고 있는 '다문화 특구 건설' 사업이다.

반인권적인 단속 추방에 대한 반대 시위

다문화 특구란, 명목상으로는 다문화 마을 조성 등을 표방하고 있지만, 실제로는 이주민 소수자들이 밀집해 있는 특정 지역의 '각종 규제'를 풀어, 지역 개발의 깃발을 거침없이 휘날려 보겠다는 내용이다. 토지 정비, 가로 정비, 각종 시설물 건축 등 다문화 특구 프로젝트는 '개발과 건설'에만 집중되어 있을 뿐, 이주민 대중의 삶의 문제에는 관심이 없다. 다문화 특구와 관련해 이미 지역의 지가와 임대료는 상승하고 있으며, 그 결과 적지 않은 이주민들은 짐보따리를 싸야만 했다. 엔지오들의 다문화 사업들도 이주민 대중의 실질적인 욕구와는 무관한, 이벤트성, 전시용 사업들이 대부분이다.

"(다문화 관련) 사업들은 그저 보여 주기 위한 것이지 진실성이 전혀 없어요. 그러면서 우리더러 자기 일에 왜 관심이 없느냐고 하지요. 그런 쓸데없는 일에 왜 관심을 가져야 하는지 모르겠어요. 밥도 못 먹고 일도 못 하고 쫓겨 다니는 사람들에게 한글 교육, 컴퓨터 교육, 운동 경기, 페스티벌,

이게 다 무슨 소용이 있나요? 누가 관심을 갖겠어요?"

돈이 있는 곳에 사업이 있다 보니, 펀드가 끊기면 사업도 바로 종료되어 버린다. 펀드를 얻기 위해 이주민들을 또다시 광고판으로 동원하는 악순환이 초래되기도 한다.

"초기에는 순수한 의도에서 우리를 도와주는 단체들이 많았어요. 그런데 요즘은 자기들의 이익을 위해 이주민들을 활용하려는 단체들이 있어요. 한 열 명 모아다 앉혀 놓고 사진 찍고 그걸 보여 주면서 사람들한테 돈 달라고 하면 사람들이 그런 단체에 돈을 주잖아요. 우리가 사는 집도 막 찍어서 보여 주면 또 돈을 받을 수 있고요."

다섯째, 우리의 다문화는 '국가주의'에 철저하게 종속되어 있는 국가 문화 재동원 프로젝트에 가깝다. 다문화가 의도했건 의도하지 않았건 근대 비판의 무기, 혹은 무기의 비판을 수행할 수 있는 주요한 이유 중의 하나는, 그것이 민족(혹은 국민) 국가를 상대화함으로써 근대 국가의 형성 과정에서 억압당한 정체성들을 복권시킬 수 있다는 점이다. 한데 우리의 다문화는 철저하게 민족—국가를 재동원하는 방식으로 수행된다. 한국에서 활동하고 있는 이주민들의 출신 국가들의 상황이 우리와 다르다는 사정은 고려되지 않는다. 중국은 56개 민족으로 구성된 '다민족 사회'이지만 한족이 지배하는 '한족의 국가'이다. 같은 맥락에서 베트남은 54개의 민족으로 구성된 '다민족 사회'이지만 '킨 족의

국가'이며, 방글라데시는 45개 민족의 사회임에도 '벵갈리의 국가'이며, 스리랑카는 '싱할라의 국가'이다. 이주민 소수자들에게 사회 구성의 '실질적인' 다원성은 '명목적인' 국가 정체성으로 바로 연결되지 않는다. 국가와 민족의 관념이 우리와는 사뭇 다른 것이다.

"벵갈리와 줌머의 문제는 첫째, 문화의 문제입니다. 한쪽(벵갈리)에서는 '앗살라무 알레이쿰'하고 인사하는데 다른 쪽(줌머)에서는 '나마스테'라고 인사하지요. 둘째, 종교의 문제입니다. 이슬람과 불교의 문제이지요. 셋째, 정치적인 아이디어의 문제입니다. 벵갈리 민족주의에 의해 줌머의 인권이 유린되는 것이 가장 심각합니다. 방글라데시에서는 벵갈리 족을 '코 높은 사람'이라고 부르고 줌머 족을 '코 낮은 사람'이라고 부릅니다. 인종주의가 노골적으로 자행됩니다. 한국에서도 상황은 크게 다르지 않습니다."

아시아권 출신의 이주민 소수자들에게 지역, 종교, 혹은 민족 등이 정체성의 중요한 원천으로 작동하고 있음은 추론이 아니라 사실이다. 그럼에도 우리의 다문화는 국가로 수렴될 수 없는 문화적 다양성들을, (다문화라는 이름으로) 국가로 환원시켜 버린다. 우리에게 중국은 중국이며, 방글라데시는 방글라데시일 뿐이다. 다문화 축제에는 어김없이 국기와 국호, 국가 상징을 드리운 각 국의 부스들이 설치된다. 그들의 국가 문화가 그들 사회에서 과잉 대표되고 있는 한 종족의 문화일 뿐이라는 사실은 어디에서도 확인(더구나 교정)될 방도가 없다. 다문화는 과잉 대표된 국가 문화에 의해 국가 없는, 혹은 국가를 가로지르는 소수 문화 주체들이 '비문명 혹은 악의 축'으로 낙인찍히는 근대의 폭력적 관행에 대한 대항일 수 있어야 한다. 그러나 우리의 다문화는 '월드컵'이라는 '국가 대항 축구 경기'를 모사하는 것으로 자족한다. '하나의 조

만국기 속에서 다문화는 가능한 것일까?

3. 우리와 그들 모두를 소외시키는 잔혹한 다문화

이제 정리해 보자. 우리의 다문화, 그것은 누구를 위한, 어떤 다문화인가? 이주민 대중의 이야기는 이렇다. 우리의 다문화는 이주민 대중이 '할 일이 없는', 주인공을 빼놓고 주최 측만이 흥겨워하는, 조울증적이며, 잔혹극의 플롯을 가진, 국가가 주도하되, 국가와 비국가 기구의 차이를 찾아내기 어려운, 확고한 국가주의와 시장주의를 신봉하는, 자신에 대한 성찰이 전적으로 부재하는, 우리만의 그러나 우리의 이야기도 빠진 '어떤' 다문화이다. 그 '어떤' 다문화가 '모든' 다문화로 우리를 압도하고 있는 것이 작금의 현실이다.

그럼에도 내게 그리고 그대에게, 다문화는 여전히 다른 세상(그리고 세상을 상상하는 다른 방식)에 대한 꿈이며, 동시에 그 실현의 무기가 될 수 있는 것일까? 어려운 물음이다. 다만 한 가지만은 분명하게 이야기할 수 있을 것 같다. '또 다른 전체주의'로 우리를 소외시키는 '우리의 다문화'에 저항하지 못한다면, 우리의 '어떤' 다문화를 '모든' 다문화와 동일시하고 싶은 허구적 보편주의를 향한 낡은 유혹을 뿌리치지 못한다면, 희망은 없다.

국'이 있을 수 없는 (그것의 강요가 곧 인종 청소일 수도 있는) 그들에게 예외 없이 하나의 조국이 강요된다.

여섯째, 우리의 다문화는 우리만의 잔치임에도, 우리의 이야기 역시 그 안에는 빠져 있다. 우리의 다문화는 철저하게 타자 지향적이다. 우리가 누구인가, '누구'인 우리가 어떤 이유에서, 어떤 방법으로, 어떤 다문화를 할 수 있는 것인지, 혹은 해야만 하는 것인지, 그를 위해 어떤 우리는 부정되고, 포기될 수 있어야만 하는 것인지, 우리의 다문화는 전혀 이야기해 주지 않는다. 우리의 다문화는 우리가 하나이며, '이상주의적이며 패권주의적으로' 더욱 하나가 되어야만 한다는 뜻 모를 이야기만 반복해 준다.

"세계에서 강하고 힘 있는 민족이 되고, 민족 의식과 긍지를 회복하려면, 소수자들의 인권을 보호해야만 합니다. 이주 노동자들을 홀대하는 것은 우리 민족과 정부의 정당성을 위협하게 될 테니까요."

오최 // ohchoi@hs.ac.kr

민주사회정책연구원. 한양대다문화연구소, 국경없는마을, 이주노동자와함께하는안산지역실천연대 등에서 때론 일하고 때론 논다. 몇 년째 이주 현장을 어슬렁거리고 있는, 연구 활동가 혹은 현장의 연구자다.

어느 이주민 지원 단체 지도자의 말이다. 우리의 다문화는 우리가 이미 지나치게 '하나'(그리고 그렇게 강요된 미분화된 공동체성이 폭력적인 허구)라는 사실에 대해서는 침묵한다. 우리의 '압축적 근대화'의 뼈아픈 문제가 통합성의 결여가 아니라 신경증적인 과잉에 있음을 외면한다. "세계에서 가장 힘 있는 민족"이 되기 위해서라면 왜 굳이 다문화가 필요한 것일까?

섣부른 파국론을 경계하라
김종철-백낙청 논쟁과 지젝

구갑우

한국의 진보·좌파는 경제 성장 담론을 불편해했다. 그 담론이 호명하는 대중의 욕망을 외면하려 했다. 진보·좌파의 정체성을 성장보다는 분배에서 찾으려 했다. 보수·우파가 자유주의 개혁 세력─김대중 정부와 노무현 정부─과 진보·좌파를 구분하지 않고 두 세력을 싸잡아서 평등 지향적 좌파로 규정할 때, 진보·좌파는 자유주의 개혁 세력의 성장 지향적 우편향을 비판했다. 그리고 마침내, 자유주의 개혁 세력의 10년간의 '동요'가 이명박 정부의 등장으로 귀결되었다. 더불어 18대 총선에서 욕망의 정치가 계몽의 정치를 압도하자, 민주화 이후 자유주의적 개혁을 넘어서는 대안으로 대중의 감동을 이끌어 내지 못했던 진보·좌파의 위기가 수면 위로 떠올랐다. 이념과 주체, 두 구성 요소를 뿌리부터 다시 생각할 수밖에 없는, 진보·좌파의 때늦은 고투가 시작되었다.

그러나 '불행히도' 진보·좌파의 위기는, 이명박 정부의 때이른 붕괴 조짐 탓에, '봉쇄'될 수도 있다. 진보·좌파는 자기반성을 하기보다는, 섣부른 파국론을 내세우며, 이명박 정부를 희생양으로 하여 자신의 위기를 봉합하려 할 수도 있다. 그래서는 안 된다. 전위의 죽음을 알리는 대중 지성의 향연인 촛불 시위 이후, 진보·

좌파는 지금─여기서 진보·좌파가 무엇인지, 어떻게 진보·좌파를 구성할 수 있는지를 물어야 한다. 촛불 시위에서, 우리는 더 나은 삶을 향한 대중 지성의 욕망을 보았다. 그 욕망의 실현을 위한 매개체로, 패권 국가인 미국에 대해서도 할 말을 다 하는 '실력(實力) 국가'를 요구하는 대중의 외침을 들었다. 촛불 시위 그 자체가 정당을 경유하지 않는 새로운 정치 형태라고 할 때, 이 새로운 정치 형태와 국가 재구성의 기획 사이에 놓여 있는 헤아리기 힘든 심연에서의 길 찾기가 진보·좌파의 고민이어야 한다.

지금─여기서의 촛불 시위는, '보수·우파의 시대'에 진보·좌파란 무엇인가,라는 질문을 던지게 했다. 이는 예상하지 못한, 한국 사회의 역동성 운운과 같은 은유로 한정할 수 없는 '사건'이었다. 첫째, 이 사건이 지금─여기서의 진보·좌파를 규정하게 한다. 진보·좌파가 그 사건을 규정하지 않는다. 진보·좌파가 촛불 시위를 전유하지 못할 수도 있다. 정치적 다수가 되고자 한다면, 보수·우파에 대한 비판은 물론 진보·좌파의 재구성을 위한 긍정의 계기를 찾아야 한다. 둘째, 긍정의 계기를 발견하기 위해서는 경로 의존적 진보·좌파의 길을 폐기할 수 있어야 한다. 진보·좌파 '율법'의 첫 번째 교리가 불의(不義)에 대한 투쟁이지만, 투쟁만으로 진보·좌파적 주체를 완성할 수는 없다. 진보·좌파가 발견해야 하는 희망의 원리가 그 주체의 (재)생산을 가능하게 하는 힘이다. 그 희망의 원리는 기존의 의견들 ─ 예를 들어 쇠고기 협상에 대한 찬반이나 한미 FTA를 둘러싼 찬반 ─ 을 넘어서는 것이어야 한다. 촛불 시위라는 사건을 매개로 진보·좌파의 재구성을 위한 보편성의 계기를 포착해야 한다.

삶의 질을 향한 대중 지성의 욕망이 분명하게 드러났지만, 그 욕망이 어떻게 실현될 수 있는지, 그 욕망이 지향하는 바가 무엇인지, 즉 촛불 시위 '그다음'이 무엇인지를 알기란 어렵다. 우리는 그 욕망을 촛불 시위로 발화하게 한 뿌리를 살펴보아야 한다. 2008년 《창작과비평》 지면에서 전개된, "'비근대적' 삶의 양식을 보존·확보하려는" 《녹색평론》의 김종철과, "근대 적응과 근대 극복을 이중적인 단일 과제로 추진"하려는 《창작과비평》의 백낙청의 논쟁은, 지금-여기서 폭발하고 있는 대중 지성의 욕망의 그다음을 상상하게 하는 담론의 단초를 제공해 주었다. (김종철, 「민주주의, 성장논리, 農的 순환사회」, 《창작과비평》, 139 (2008 봄); 백낙청, 「근대 한국의 이중과제와 녹색담론: '이중과제론'에 대한 김종철씨의 비판을 읽고」, 《창작과비평》, 140 (2008 여름)) 김종철의 말이다.

"경제 성장은 민주주의의 발전에 조금도 도움이 되지 않는다고 할 수 있다. 경제 성장은 자본주의적 사회관계의 심화·확대를 의미하는 것이며, 따라서 그것은 갈수록 민중의 자치·자립의 역량을 근원적으로 훼손하고, 불평등한 사회적 관계를 끝없이 확대 재생산한다."

백낙청은 김종철의 이 주장을 "사실 점검이나 단서 조항도 없이", "원론에 호소"하는 발상이라고 답한다.

"사회경제적 격차가 클수록 반드시 성장에 유리한 것은 아니며 불평등 구조의 일정한 완화가 성장을 돕는 일이 얼마든지 있는 것이다."

두 이론가의 차이는 명확하다. 김종철이 자본주의적 경제 성장 그 자체를 부정하고 있다면, 백낙청은 불평등의 상태를 완화하면서 경제 성장을 이룩한 유럽형 자본주의를 상정하고 있는 것처럼 보인다. 김종철은, "부의 균점은 자본주의의 성장 메커니즘이 결코 허용할 수 없는 것이며, 만약 실제로 균점이 실현된다면 이미 그것은 자본주의 씨스템이 아닐 것이"라고 말한다. 지금-여기서, 인간의 얼굴을 한 자본주의를 만들고자 하는 개량적인 진보·좌파적 대안이 가능할 것인가, 자본주의 세계 체제의 바깥이 대안이 될 수 있는가가 논점일 것이다.

지금-여기서 진보·좌파는 자본주의 세계 체제의 바깥, 보다 솔직히 말하면, 사회주의로의 이행을 이야기해야 하는가. 한반도 북쪽의 국가인 조선민주주의인민공화국의 위기는 이중의 효과를 생산하고 있다. 한편으로는, 한반도 남쪽의 국가인 대한민국에서 분단 체제가 진보·좌파에게 부과했던 제약이 약화되고 있다. 대한민국의 진보·좌파는 조선민주주의인민공화국을 의식하지 않고, 나름의 대안을 구성할 수 있는 기회를 가지게 되었다. 그러나 다른 한편으로, 사회주의를 표방했던 조선민주주의인민공화국의 위기는 그 앞에 어떤 수식어를 붙이든 사회주의는 대안이 될 수 없다는 생각을 공유하게 했다. 촛불 시위로 표출된 대중의 욕망이, 자본주의에 대한 부정은 아닌 것처럼 보인다. 진보·좌파는 그 욕망이 자본주의에 대한 부정으로 승화되도록 '계몽'을 해야 하는가.

나는, 지금-여기서의 촛불 시위가 계몽의 기획이 불가능함을 보여 주는 사건이라고 생각한다. 촛불 시위에 대한 해석은 난무했지만, 대중 지성의 방향을 예측할 수 있는 전지전능한 신적(神的) 관점은 누구도 가지고 있지 않다. 진보 · 좌파는 대중 지성이 만들어 가는 미래 속에서, 추상적 개념의 잣대가 아니라 삶의 질의 향상이라는 원칙에 입각해 대중 지성을 대표할 수 있어야 한다. 그 대표도 과거와 달리 '자임(自任)'을 허용하지 않는다. 대표가 되기 위해서는 냉정한 '절차'를 거쳐야 한다. 예를 들어, 우리는 다수결이라는 한계적 제도를 의심할 수 있지만, 그것을 넘어서는 제도를 만들어 내지는 못하고 있다. 대중 지성의 욕망은 예나 지금이나 더 나은 삶을 요구하고 있다. 대표하고픈 욕망을 가진 진보 · 좌파가 대안을 제시하지 못하고 추상적 개념에서 도출된 원론으로 사건을 재단하려 했을 때, 그들은 실패했고, 지금도 마찬가지로 행동한다면 실패할 수밖에 없다. 미래는 대중 지성의 몫이다. 대중 지성의 일부로서 자신의 역할을 이론적 실천으로 설정하는 이들은, 대중 지성의 도저한 낙관주의와 이론가의 신적 관점이 양립할 수 없음을 알아야 한다.

나는 그들의 신적 관점 가운데 하나가 '파국론'이라고 생각한다. 먼저 김종철의 말이다.

"에콜로지의 관점에서 볼 때, 자본주의 근대 문명의 근본 문제는 그것이 순환의 법칙에 의해 돌아가는 세계 속에서 끊임없이 직선적인 '진보'를 추구하도록 강요하는 메커니즘에 종속된 씨스템이라는 것이다. 이 근본적인 모순이 해소되지 않는 한, 조만간 자본주의의 종언은 필연적이라고 할 수 있다. 아니, 이대로 가면 자본주의의 종언보다 먼저 세상의 종말이 닥칠 가능성이 더 크다고 할 수 있다."

백낙청도, 김종철의 이 주장에 대해, "나의 지론과 기본적으로 일치한다."고 말한다. 파국론을 수용하면서, 김종철은 소수자의 입장을 견지하는 '등대 정치'를, 백낙청은 다수자가 되고자 하는 '제도 정치'를 생각하고 있는 것처럼 보인다. 그러나 파국론은 혹세무민(惑世誣民)의 담론이다. 스스로가 대중 '위에' 있다고 생각하는 지식인의 담론이 파국론이다. 자유주의 개혁 세력과 진보 · 좌파의 몰락과 이명박 정부의 등장은, 부분적이지만, 신적 관점에서 계몽을 하고자 했던 비판적 지식인의 무능 탓이기도 하다. 파국론은 운동과 정치를 '세속 종교'로 만든다. 세속 종교는 세속도 종교도 전취하지 못한다.

이제 슬라보이 지젝의 발언이다.(지젝이라는 슬로베니아 출신의 이론가를 김종철, 백낙청과 함께 논의할 수 있게 된 것도 한국 진보 · 좌파의 성과라면 성과다. 그래도 지젝의 발언이 길게 인용되는 것이 이 글의 화두 가운데 하나인 불편함을 야기할 수도 있겠다.) 지젝은 독자들에게 "너 신을 믿느냐?"라는 불편한 질문을 던진다. 그리고 20세기 비판적 지식인의 전유물인 파국론에 대해 다음과 같이 이야기한다.(슬라보이 지젝, 『죽은 신을 위하여─기독교 비판 및 유물론과 신학의 문제』)

"20세기의 지식인들은 실제 상황이 어떻든 간에 반드시 모든 상황을 '파국적'이라고 비판해야 했다. 상황이 나을수록 비판의 강도는 높아졌다."

"이들 불행한 지식인은 자기가 기본적으로 행복하고 안전하고 안락한 삶을 살고 있다는 사실을 견딜 수 없었으며, 자신의 고차원적 사명을 정당화하기 위해서는 근본적 파국의 시나리오를 구상하지 않을 수 없었다."

레닌의 『임박한 파국, 그것과 어떻게 싸울 것인가』는 파국론의 전형이다. 파국은 곧 사회주의로의 이행을 의미했다. 레닌을 부정하지만, 파국을 전제하고 새로운 세계를 설계하는 방식은 진보·좌파의 무의식에 각인되어 있는 것처럼 보인다. 지젝은 파국론이 가지는 딜레마를 다음과 같이 지적한다.

"파국의 위협을 심각하게 받아들이고 당장 뭔가를 하기로 결단할 것인가(파국이 닥치지 않는다면 이 결단은 우스워질 것이다.) 아니면 아무것도 하지 않고 있다가 파국이 닥치면 모든 것을 잃을 것인가? 최악의 선택은 중간 지대, 즉 제한된 몇 가지 조치만을 취하는 것이다. 이럴 경우, 결과는 언제나 실패한다.(다시 말해, 문제는 생태적 파국에 있어서는 중간 지대가 없다는 것이다. 즉 생태적 파국은 닥치거나 닥치지 않거나 둘 중 하나다.)"

질문을 제기한다. 지금 여기서 '우리'의 윤리적·혁명적 실천이 없다면 파국이 오는가. 생태(주의)적 파국은 신학적 예측인가, 유물론적 예측인가? 만약 지금 여기서 '우리'의 실천이 없다면, 생태(주의)적 파국이 온다는 것을 우리는 '어떻게' 아는가? '우리'가 알고 있다면, 역사는 기획이고, 역사가 신학에 굴복하게 된다. 생태적 파국이 도래할 것이라고 '믿는가'?
지젝의 말이다.

"우리는 파국이 가능하다는 것, 나아가 개연적이라는 것을 알고는 있지만, 실제로 닥칠 것이라고 믿지는 않는다."

"(파국)이 일어날 것을 예상/예측하고 그것을 막기 위해 행동하면, 파국이 실제로 일어나든 그렇지 않든 간에 똑같은 결과가 발생한다. 즉 파국이 일어나면, 우리의 예방 행동은 부적절한 것으로 밝혀진다.(운명에 맞설 수 없다.) 한편, 파국이 일어나지 않더라도, 결과는 똑같을 것이다. 파국이 닥칠 것을 알았지만, 실제로 닥칠 것으로 믿지는 않았으니, 우리는 파국을 불가능하다고 인식했던 셈이다. 따라서 우리의 예방 행동은 이번에도 부적절한 것으로 간주될 것이다.(밀레니엄 버그의 여파를 떠올려 보자!) 그렇다면, 우리가 이성적 전략으로 채택할 수 있는 유일한 선택은 파국을 가정하고 행동하는 것일까?"

우리의 '희망'은, "우리가 아무 일도 하지 않는다면, 생태적 파국이 닥칠 것이다. 우리가 최선을 다한다면, 예상치 못했던 돌발 사건이 일어나지 않는 한, 생태적 파국은 닥치지 않을 것이다."라는 믿음을 가지는 것일까? 다시 지젝의 말이다.

"우리는 우선 파국을 우리의 불가피한 운명으로 인식해야 하며, 이어, 우리 자신을 파국 속에 투사하고 파국의 관점을 채택하면서, 파국의 과거(미래의 과거) 속에 지금 우리가 모색 중인 반대 사실(counterfactual) 가능성들을 사후적으로 집어넣어야 한다.("우리가 이러저러한 일들을 했다면, 지금 우리에게 닥친 파국은 일어나지 않았을 것이다!)"

"즉 진짜 파국은 이미 파국의 위협이라는 영구적인 그림자 아래서 영위되는 지금의 이 삶이다."

지금 여기의 삶이 생태(주의)적 파국임을 이야기해야 하는 것일까? 과거에 '우리가' 윤리적·혁명적 실천을 했다면, 지금과 같은 파국이 발생하지 않았을 것이라고 이야기하는 방식으로 새로운 '주체'를 호명하고, 구성할 수 있을까?
촛불 시위에 참여했던 '우리'는 현재를 파국으로 인식한다. 그러나 그 파국에 대한 인식으로 정치적 다수를 구성한다고 생각하지는 않는다. 지젝이 인용하는 브레히트의 말처럼, "도덕성은 도덕성을 지키며 살 수 있는 운 좋은 사람들을 위한 것"이라면, 생태(주의)적 가치를 지키는 실천을 할 수 있는 것도 행운의 덕분일 수 있다. 지젝의 말처럼, "윤리적 행위자로서 자율적으로 행동할 수 있는 것은 축복이다." 그 축복과 정치의 관계는 무엇일까? 끊임없이 파국이 지연된다면, '양치기 소년'이 되는 운명을 불가피하게 받아들여야 하는 것일까? 지금—여기서 진보·좌파가 되고자 한다면, 파국론의 유혹에서 벗어나야 한다.

구갑우 // imagine009@gmail.com

국제관계연구자. 북한대학원대학교 교수. 지은 책으로 『비판적 평화 연구와 한반도』, 『국제관계학 비판 ── 국제관계의 민주화와 평화』가 있다. 학문의 경계를 가로지르는 비판적 사유에 관심을 가지고 있다.

건국 60주년을 지나며 되돌아보는 이 대통령: "반미 투사라 불러 다오"

고 지 훈

물 만난 고기마냥, ○ 만난 파리마냥, 우리의 뉴라이트들께서 흥이 나셨다. 아주 난리들 나셨다. 장담컨대 이분들에겐 '잃어 버린 10년'이 일제 36년보다 더 치욕스럽고 고통스러웠을 것이다. 그래도 다행스러운 것은 한 것 없이 밥상에 밥숟가락만 올리려던 해방 직후의 많은 우파들과는 달리, 오늘날의 뉴라이트들께서는 지난날 투쟁을 통해서 '광복(光復)'을 쟁취했다는 점이다. 『안네의 일기』 따위와는 비교도 안 될 만큼 감동적이고 눈물을 쥐어짤 그분들의 수기가 벌써부터 기대된다. 어쨌든 이분들은 큰소리칠 자격이 있으시다. 거창하게는 한미 동맹에서부터 쪼잔하게는 교과서에 이르기까지, 모든 것을 '원래 그대로' 돌려놓으라고 호통 친다. 단어 하나에서부터 전반적으로 풍기는 뉘앙스가 좀 삐딱한 것에 이르기까지. 법, 제도, 기관, 사람, 텍스트 등등 고치고 바꾸어야 할 것들이 산더미다. 따라서 많은 사람들의 도움이 필요할 것이다. 나 역시 이 도도한 '역사의 역류'에 한 방울이라도 보태 볼 생각이다. 비록 '독립 운동 경력'은 일천하지만.

1. '유에스 프렌들리'의 원조

'어륀지'와 '어얼리 버드'를 유행시키면서 영어 몰입 교육만이 교육 선진화의 길이고, 미국 축산업자의 호언장담은 금과옥조와도 같으며, 경제건 군사건 간에 한미 동맹 강화만이 살 길이라고 외치는 지금 시대가 아무리 '유에스 프렌들리'하다 해도, 어디 이 대통령 시대만 할까?

비록 기네스 협회의 인증서는 없지만 최초의 영한사전을 집필하시었고, 영어부 학생으로 배재 학당에 입학한 지 6개월 만에 영어 교사가 되셨으며, 팔순을 넘기고도 처음 보는 영어 단어를 손바닥에 적어 가며 외우시던 분이 바로 이 대통령이셨다. 어딜 '어륀지' 따위로 들이대? 이뿐이 아니다. 생의 황금기를 미국에서 보냈으며, 주한 미국 대사 존 무초에게 '프린스턴 내기(Princetonian)'라 불렸으며, 한국보다는 미국 내에 더 많은 지지자를 갖고 있었고, 주님의 품에 영혼이 안길 때도 육신은 미국 땅 하와이에 있었던 그이다. 이게 끝이 아니다. 미국인 목사의 주례로 뉴욕에서 결혼식을 올렸고, 30여 년의 망명 생활을 청산하고 귀국하실 때는 맥아더의 전용기를 탔으며, 4.19 직후 하와이로 망명 가실 적에도 주한 미군이 제공한 특별 군용기를 타고 가셨다.

이 대통령의 '유에스 프렌들리'가 특별히 범민족적으로 위대한 이유는 그것이 단순한 개인사에 국한되지 않았다는 점에 있다. 특별히 새로울 것은 없다. 뒤늦게 역사학의 중요성을 깨닫고 자신의 전공을 헌신짝처럼(?) 팽개친 후 역사 교과서 집필에 열을 올리고 계신 뉴라이트 계열 학자들께서 늘 강조하는 점이다. 이 대통령께서는 무시해도 좋을 만큼의 허물은 있지만, 대한민국과 미국의 관계를 혈맹으로 발전시킨 그 공 하나만으로도 자자손손 칭송받아 마땅하다는 것이다. 맞는 말이다. 이 대통령의 첫 번째 공로가 한미 동맹이란 금자탑을 쌓은 것이라는 점은 의심의 여지가 없다. 한데 이게 좀 지나치게 강조되다 보니 반발도 만만찮다.

뉴라이트 진영에서는 소위 좌파적 역사가들이 이 대통령을 '친미주의자' 혹은 '미국 외교 정책의 꼭두각시' 등으로 왜곡하고 있다고 분개한다. 불에 타서 폭삭 주저앉은 남대문을 대신해서 국보 1호에 올라도 모자라지 않을, 5,000년 역사에 길이 빛날 '한미 동맹'이라는 업적을 남기신 분을 몰라봬도 이렇게 몰라보나? 이 대통령 통치 시절 굳건해진 한미 동맹은 FTA 따위와는 비교도 안 된다. 까놓고 말해서 FTA는 기껏해야 기업들 잘 키워서 달러나 조금 더 벌어들이자는 수준이지만, 1950년대 한미 동맹은 전 민족의 생존이 걸린 문제 아니었냐고. 그런데, 전직 주한 미국 대사 도널드 그레그의 표현처럼 "대중적인 반미 분위기에 편승하여 선거에서 승리한" 봉하마을 노 씨가 이 모든 것을 뒤흔들어 버렸던 것이다! 퇴임하는 노 씨에게 "역대 그 어느 정권 때보다 한미 동맹이 튼튼했다."라고 백악관 고위 관리가 칭찬을 늘어놓았음에도 불구하고, '잃어버린 10년' 동안 대중의 반미 감정이 양초 제조회사의 매출고만큼이나 폭등했다는 것은 엄연한 사실이다. 여기에는 미군 장갑차 운전병의 '과실 치사'도 한몫했고, 오노의 할리우드 액션도 큰 몫을 했다. 미쳤는지 안 미쳤는지는 불확실하지만, 만약 먹게 된다면 과민성 대장 증후군에 시달릴 것만은 분명한 미국산 쇠고기도 큰 역할을 하고 있다.

반미가 참으로 걱정이다. 더구나 광장에서 촛불 들고 성조기를 찢어 대며 "정치적 문맹"에 빠져 있던 주역들이 10대라는 점이 더욱 안타깝다. 영어 사교육 때문에 그렇지 않아도 영어와 미국에 주눅 들어 있던 아이들은 미국과 관련된 모든 것을 증오하게 될지도 모른다. 그래서 결국 '유에스 프렌들리'의 원조이자 우리 건국의 아버지이신 이 대통령마저 혐오하게 될지도 모른다. 이것들이 대체 뭘 어떻게 배웠기에……. 그러지 않아도 근현대사 교과서가 심히 불편하던 차. 작금의 국제 상황을 돌아보건대, 아무리 수업 시간에 "미국은 좋은 나라이며 그들과 친하게 지내는 것이 더욱 좋은 것"이라고 가르쳐도 먹힐까 말깐데 무슨 교과서가 이따우야? 사태가 어떻게 진행될지 모르지만 대충 보아하니 교과서에서 반미적이거나 이 대통령에 대한 오해(?)의 소지가 있는 서술들을 대거 탈락시키자고 주장할 것이 뻔하다.

내가 정말 애정이 있어서 드리는 말씀이다. 그런 방법은 역효과만 불러일으킨다. 학생들치고 교과서 좋아하는 애들 있나? 그러지 않아도 지루한 교과서에 그나마 스펙터클하고 좀 삐딱한 내용마저 빼 버리면 학습 의욕은 더욱 떨어진다. 청소년기를 달리 질풍노도의 시기라고 부르나? 원래 애들은 멋모르고 나대기 마련이다. 그 에너지를 억지로, 그것도 순화된 교과서의 텍스트로 억누를 수가 있겠느냐 말이다. 취지는 좋은데 방법이 아니라는 것이다. 그래서 제안 드린다. 이 대통령을 존경할 줄 모르고, 한미 동맹의 중요성을 모르는 우리의 어린 세대들을 위해 지금까지 크게 강조되지 않은 이 대통령의 새로운 면모를 널리 알리자. 반미 구국의 선봉에 선 투사 이 대통령의 모습을 말이다. 이거 잘만 쓰면 무협지 비스무리하기도 하고, 코믹하기도 할 것이다. 학습 효과도 높이고, 건국 시조에 대한 존경심도 불러올 수 있으니 학생들 좋고 뉴라이트도 좋고, 일석이조다. 세대 화합의 효과도 있겠네.

일반에 널리 알려지지 않아서 그렇지 우리 역사 자료 속에는 반미 구국 투쟁의 선봉에서 혈혈단신 거인을 상대하는 이승만을 어렵지 않게 발견할 수 있다. 비록 한글보다 영어로 더 많은 글을 썼으며, 조강지처에게 이혼 통보도 하지 않은 채 백인 부인을 얻을 정도로 탈국민국가와 세계화의 화신으로 살았을지언정, 이 대통령 인생의 절정기는 반미 자주의 투쟁 경력으로 점철되어 있다. 일찍이 조갑제 선생께서는 "우리 민족사에서 김유신이 대당 결전으로써 통일 신라의 자주와 독립을 지킨 이후 한 번도 시도해 본 적이 없는 강대국에 대한 도전"을 감행했다면서, 박정희를 희대의(?) 반미 자주 투사로 칭송한 바 있다. 김유신이 '반당 자주 투사'로 추서 가능한지의 여부는 고대사 연구자들이나 보훈처 같은 곳에 맡길 일이다. 다만 박정희가 "김유신 이래 최초"라는 평가는 분명 잘못된 것이다. 그 전에 이 대통령이 계셨다.

사실 박정희야 인간 거수기 집단인 유정회도 있었고, 긴급 조치도 있었으며, 수출 백억 달러라는 특급 무기들로 무장까지 하고 있었다. 짱돌이나 화염병, 하다 못해 촛불이라도 있어야 투쟁이 가능했다. 마찬가지 이치다. 한데 거기에 비하면 이승만은 국회의 절대 다수가 그에게 적대적이었고, 긴급 조치는커녕 헌법이 대통령에게 부여한 권한조차 지금보다도 약했으며, 게다가 국가 수입의 절반 가까이를 원조에 의존해야 하는 세계 최빈국이라는 핸디캡에 둘러싸여 있었다. 박정희에 비하면 이승만은 정말 맨몸으로 싸운 거다. 독일과 일본을 연거푸 니킥 하이킥으로 케이오 시킨 미국을 상대로 말이다. 그리고

위대한 승리를 거두었다.

2. 부산 정치 파동

한국 전쟁이 한창이던 1952년 5월, 임시 수도 부산에서 기상천외한 일이 일어났다. 국회가 간첩 사건으로 돌풍에 휩쓸린 것이다. 부산 지역에 좌익이 출몰했다며 계엄령이 선포되고, 뒤이어 11명의 국회의원 및 보좌관들이 '국제공산당 사건'이라는 이름으로 헌병대로 압송됐다. 저 유명한 '부산 정치 파동'의 시작이었다. 한데 체포된 사람들은 한국민주당 창당부터 관여했던 골수 우파 의원에서부터 유명 반공 검사에 이르기까지, 몸속에 흐르는 피도 파란색일 것 같은 사람이 대부분이었다. 이들은 굳이 역사가 무죄를 밝혀 줄 것도 없이 사태가 일단락된 직후, "미안하다"는 말 한마디 못 듣고 석방되었다. 우리 현대사에서 수없이 반복되었던 간첩 조작 사건의 대표적 사례였다. 멀쩡한 국회의원과 보좌관들을 크렘린의 하수인으로 몰아가면서 그가 얻고자 했던 것은 다름 아닌 경무대의 안락한 의자였다.

계엄령과 국회의원 체포에 이어, 낭설과 유언비어 확산의 배후 세력이던 국회에 대한 폐쇄 경고가 이어졌다. 당시 국회는 이승만의 대통령 재선을 의미하는 '직선제 개헌안'에 반대하고 있었다. 국회가 위협받고, 무고한 자들이 간첩죄를 뒤집어쓰고, 군대가 민간인을 적대시하는 일은 이후에도 빈발하지만, 부산 정치 파동이 특별했던 이유는 따로 있다. 바로 유엔 가맹국들과 세계인들의 이목이 집중되어 있었다는 점이다. 수많은 외국인들이 '자유와 민주주의'를 수호하기 위해 피를 흘

리는데(이미 2만 5000명 이상의 미국 젊은이들이 전사했다.), 정작 전선에서 멀리 떨어진 부산에서 '자유와 민주주의'가 줄줄 새고 있었다. 이것은 한국의 대외 신인도뿐 아니라 미국의 신뢰도까지 떨어뜨리는 사태였다. 경찰·교육자 등 공무원을 동원한 관제 데모를 조직하고, 국민의 알 권리를 위해서 의혹을 제기하는 언론에 재갈을 물리며, 헌법적 권리에 기초하여 자발적으로 시위에 참여하는 사람들을 범죄자로 몰아가는 것. 이거 얼마 전 신문에서 읽은 듯도 한데, 어찌 되었건 지금으로부터 56년 전 이야기다.

사실 미국의 엄격한 검역 기준, 아니 정치적 기준을 들이대자면 지금까지의 대한민국은 줄곧 함량 미달이었다. 물론 이것은 지도자 이 대통령의 불성실이나 도덕적 타락 때문이 아니었다. 오히려 그 반대였다. 이 대통령은 누구보다 부지런했고 또 독실한 크리스천이었다. 프란체스카 여사의 생생한 증언을 빌리자면 어둠이 채 가시지도 않은 이른 새벽에 잠을 깨어, 성호를 긋고 기도를 드리며 "대한민국의 안녕을 빌던" 그였다. 모르긴 해도 대한민국의 안녕을 위해 무엇보다 중요한 자신의 안녕을 빌었을 테다. 아무튼. 그는 너무도 부지런했고 너무도 나랏일에 애정이 넘치셔서 국정의 그 많은 일들을 직접 처리하셨다.

"장관들이 겁이 나서 사소한 문제조차 이 대통령에게 일일이 물어보지 않고는 결정하지 못한다. 그는 자신의 권력 유지를 곧 국가의 번영과 등치시키고 있다."(주한 미 대리 대사)

미 대사관의 관리들만 걱정한 것이 아니었다. 워싱턴 국무부의 한국 관련 고위 책임자들은 입을 모아 "제멋대로의 독재자"가 지배하는 "개인 독재 체제"라고 이승만 정권에 비난을 퍼부었다. 비슷한 시기 미국 관리들로부터 이런 비판을 들을 만한 인물은 크렘린의 스탈린을 제외하면 쉽게 찾기 어려웠다. 그래도 저 정도의 비난은 점잖은 편이었다. 워싱턴의 장관들과 장성들은 회의석상에서, 또 비밀 문서 속에서 우리 건국의 아버지를 뒷집 애완견 부르듯 했다. 'X자식(bastard)', '악질(bad)', '골칫거리(menace)', '순꼴통(completely irrational)', '양보를 모르는 싸움꾼(fighter who hates compromising)' 등등. 심지어 미 합참 의장은 "모가지를 휘어잡고 협박해야지 말이 통할까."라며 분을 참지 못했다. 미국 대통령도 예외가 아니었다. 트루먼은 미국 외교 관리들이 '최후 통첩(ultimatum)'이라고 명명한 친서를 이 대통령에게 전달했다. 북핵 위기 당시 김정일에게 전달된 최후 통첩이 이만큼 강경했을까?

"본인은 다수의 자료를 통해 사태의 진행 소식을 듣고 충격을 받았습니다(shocked).…… 만약 한국의 정치 구조 변화가 적절한 법적 절차에 맞게 진행되지 않는다면, 그것은 지난 2년간 한국인들과 자유 진영의 국민들이 피와 재산을 바쳐 온 노력을 비극적 헛수고(tragic mockery)로 전락시키게 될 것입니다. 본인은 납득할 수 있는 방법으로 이 위기가 끝나야 하며 무초 대사가 귀환할 때까지는 돌이킬 수 없는 행동을 하지 말기를 매우 강력하게 촉구합니다(most strongly urge)."

아직 비밀 문서들이 완전히 공개되지 않아 장담은 못 하겠지만, 박정희가 '반미 자주 투쟁'의 기치를 높이 세웠던 1970년대 후반에도 저 정도는 아니었을 것이다. 봉하마을 노 씨 아저씨는 막무가내로 부시에게 대북 선제 공격을 하지 않겠다는 약속을 해 달라고 졸라 댔다는 이유만으로, 미국의 대한 정책에 심각한 문제를 일으키고 결과적으로 한미 동맹을 위태롭게 만든 장본인이라는 비난을 들어야 했다. 거기에 비하면 이 대통령은 거의 반미 혁명 전사 수준이다. 조야를 막론하고 미국인들의 비난이 이 대통령을 향해 쏟아졌지만, 대응은 거의 환상적이었다. 라이트너 미 대리 대사의 표현처럼 이 대통령은 굴복은커녕 도리어 "미국을 조롱"하고 나섰다.

3. 대통령 두뇌의 안정성과 민주주의의 상관관계

미국인들은 이 대통령보다 월령이 낮았던 장면이나 조병옥을 훨씬 더 선호하고 있었다. 한데 우리 건국의 아버지이신 이 대통령께서는 장, 조에 대해서 "깡패들"인 동시에 "대한민국에 적대적인 세력으로부터 뇌물을 받는 사기꾼"이자 "반역자"라며 미 대사 면전에서 구두로 살처분해 버렸다.(훗날 장면은 배후 인물을 알 수 없는 저격범으로부터 손바닥 관통상을 입어야 했고, 급기야 미 대사를 찾아가 "겁나서 더 이상 정치를 못하겠다."라고 하소연해야 했다.) 미국이 "반역자"들에 대해서는 안전하다고 믿고, 이 대통령에 대해서는 불안하다고 생각하는 것은 "착각" 아니면 "오해"일 뿐이라는 것이 이 대통령의 소신이었다. 이 대통령은 "(나의) 적들이 고의적으로 당신들(미국인들)에게 잘못된 번역문을 전달"했고, 미국인들 스스로도 "무책임한 인간들에 현혹"되어 있는 것이 문제라고 호소하신다.

요약하자면, "잘못된 과학적 지식과 일부 언론의 선동, 군중 심리에 이끌린 괴담과 이를 부추기는 배후 세력" 때문에 미국인들이 혼란에 빠져 있다는 것이다. 주한 미국 대사 무초가 정보 수집의 중요성을 감지하고는 "유능한 통역요원과 안정적이고 경험 많은 스파이가 대량으로 필요"하다고 워싱턴에 도움을 청한 것이 이미 '부산 정치 파동'이 일어나기 석 달 전인데도 말이다. 어쨌건 미국의 이 섬세하고도 촘촘한 첩보-정보 수집망을 통해 나온 결론을, 너무나도 간단하게 '쓸데없는 오해' 수준으로 조롱한 이 대통령께서는 말미에 협박도 빼놓지 않으셨다. 그 같은 오해와 괴담을 맹신하여 미국이 이 대통령식 민주주의를 승인하길 계속해서 거부한다면, 필연적으로 한반도가 공산주의와 일본 양쪽으로부터 위협받게 될 것이며, 그럴 경우 한국인들은 "일본보다 공산주의를 받아들이게 될 것"이라고 말이다. "미국 젊은이들의 1퍼센트도 그 존재를 몰랐던 대한민국"에서 미국 청년 수만 명이 피를 흘렸는데, 죽 쒀서 개 주는 격이지. 공산주의에 투항하겠다고? 미치지 않고서야 어떻게 저런 소릴 한단 말인가? 정말 미친 것이 아닐까? 그랬다. 미국인들은 진지하게 걱정하기 시작했다. 따지고 보니 이승만의 월령이 너무 높아 보였던 것이다.

남의 나라 멀쩡한 소를 미쳤다고 해도 복장이 터질 일인데, 미국인들은 일국 대통령의 두뇌 건강을 의심하고 나섰다. 이 대통령이 문제없다고 주장하는 '이 대통령식 민주주의'를 인정할 것이냐 거부할 것이냐를 둘러싼 이 살벌한 협상에서, 미국 관리들은 유독 이 대통령의 월령을 계속 걸고 넘어졌다. 이 무렵 미국 고위 관리들이 교환하던 문서들에서 이 대통령을 지칭하는 용어로 자주 발견되는 것 중 하나가 '노친네(Old Boy)'

란 단어다. 불안감을 느낀 이들 미국 관리들의 대화 속에는 '노친네'와 관련된 부정적인 묘사들이 빈번하게 출몰했다. 노쇠했고(senile), 완전히 정신이 나갔으며(completely irrational), 말에 두서가 없고(wanderings), 했던 말을 또하고(reiterate some points already made), 정신적 육체적으로 완전히 쇠잔했다(physically and mentally exhausted) 등등. 미국 대사가 보는 앞에서 대통령께서 주저앉기라도 하셨으면 큰일날 뻔했네. 좀 더 확실히 하기 위해 전문가의 조언도 필요했다. 미8군 병원을 곧잘 이용했던 이 대통령이었기에 그를 진료한 의사의 첩보가 대사에게 전달되었고 결론은 이랬다.

"현재의 위기에 따른 소란스러움과 스트레스가 이 대통령을 약화시키고 있다. 의사에 따르면, 이승만의 신체적 상태는 그의 나이에 비해 훌륭하지만, 정신력의 약화(mental deterioration), 잦아지는 기억력 감퇴(frequent lapse memory), 불안정하고(uncertain), 더듬거리며(groping), 모든 이를 의심하며(suspicious of everyone), 노쇠(senile)해 있다는 점."

이 대통령의 월령과 두뇌 건강을 우려하면서부터, 대사를 포함한 많은 미국 관리들의 눈에는 수십만의 적대적 군대가 집결해 있는 대한민국 전체가 위험천만해 보였다. 그래서 그들은 진정으로 "지옥 같은 사태가 초래될지도 모른다(there might be Hell to pay)"고 공포에 질렸다. "공산주의의 침략보다 더 위험할지도 모른다"는 최악의 시나리오가 머리를 지배해 가고 있었다. 오해와 괴담의 상호 작용으로 급기야 집단적인 공황

상태가 초래되고 있었다. 그래서 미국인들은 "내정 불간섭의 원칙을 존중함에도 불구하고" 쿠데타 계획까지 세우게 된다. 소위 '에버레디 플랜'으로 알려져 있는, 미군을 동원한 대한민국 정부 전복 계획이었다.

순진한 오해와 고의적인 왜곡, 정치적인 선동과 군사적 협박, 선의에서 우러나는 염려와 악의적인 저주 등등이 뒤섞이면서, '부산 정치 파동' 이면에서 이 대통령과 미국 사이에 벌어진 치열한 전투도 결국은 종료되었다. "이 모든 소동을 잊어버리는 데에는 두세 달이면 충분"할 것이라며, 미국산 소갈비 체인점 사업을 준비 중인 한 사업가가 TV 고발 프로그램에 등장해서 들려준 낙관적 예상처럼, 사태는 두 달을 채 넘기지 못하고 이 대통령의 재선을 보장하는 '발췌개헌안'의 통과(7월 4일)로 깨끗이 정리되었다.

"나는 내가 옳다는 것을 확신한다. 외부의 압력에 굴복할 생각은 없으며 내 자신의 목표를 밀고 나갈 것이다. 두 달만 지나면 모든 사태가 진정될 것이며 질서는 회복될 것이고 아무도 걱정할 필요가 없을 것이다."(1952년 5월 27일, 이승만이 밴 플리트 미8군 사령관에게)

4. 야누스의 얼굴

미국인들의 탄식처럼 이 대통령이 "민주주의에 반하고, 장기적으로 대한민국의 국익에도 결코 도움이 되지 않을" 친위 쿠데타를 무모하게 시도할 수 있었던 것은, 또 그 같은 모험을 통해 자신은 트루먼의 무릎 위에 공손히 앉아 있는 '푸들'이

아님을 증명할 수 있었던 것은 다 그럴 만한 이유가 있어서였다. 미국이 너무나 강력하게 한국을 원하고 있었던 것이다. 그래서 그들은 자신들의 정치적 신조를 포기하면서까지, 그들이 생명처럼 소중히 여기는 민주주의에 대한 신념을 포기하면서까지 '이승만식 민주주의'를 수용해야만 했던 것이다. 그들은 그것이 '미쳐 버린 민주주의'라는 것을 잘 알고 있었다. 주한 미 대리 대사는 "이승만이 민주주의를 뒤엎어 버리는 것을 보면서도, 우리의 자존심을 묻어 버린 채 이승만과 협력해야 할지 모른다"며 절규했다. 불행도 하다. 그의 비극적 예언은 정확히 실현되었다. 미국은 민주주의라는 불확실한 판돈을 긁어 오기 위해, 자기 손에 쥐고 있는 '한국이라는 확실한 카드'를 버릴 생각이 없었다. 적어도 미국의 외교 정책을 좌우하는 고위 관리들의 머릿속에서만큼은 한국은 미국의 피조물이었다. 비록 그것이 사실에도 어긋나며 또 과학과도 동떨어진 착각이라 해도 말이다.

"신생 공화국 대한민국의 독립을 유지할 수 있는 유일한 희망은 수년간 지속될 수 있는 미국의 경제 원조뿐이다."(살츠만 국무부 점령 지역 담당 차관보)

"미국은 한국에 법적 민주주의를 도입한 주체였다. 우리는 한국 문제를 유엔에 가져갔고 실제로 한국을 유엔의 피후견국으로 만들었다. 침략이 닥쳐왔을 때 우리는 유엔의 행동을 요구했고 대한민국을 수호하기 위해 커다란 희생을 감수했다. 한국과 우리의 관계는 우리가 실질적인 행동을 취하냐와 무관하게 미국의 주된 책임을 피할 수 없을 정도의 것이다."(힉커슨 국무부 차관보)

"우리는 한국에서 일어나는 모든 일에 휩쓸린다. 심지어 개인 독재 체제의 수립에도 연루된다."(영 국무부 동아시아과장)

"미국과 유엔은 공화국의 탄생에 참가했다는 것 때문에 한국에 대해 특별한 관계에 놓여 있다."(라이트너 주한 미 대리 대사)

당신은 자식이 당신을 부정한다고 해서, 당신도 자식을 부정할 수 있겠는가? 우리 민족의 빛나는 유산 ,'한미 동맹'이 결성되는 시점에서 탄생한 아이러니의 해답은 여기에 있다. 그 누구보다 '유에스 프렌들리 라이프'를 살아왔던 인물이, 또한 동시에 가장 강렬한 반미 투사일 수도 있는 아이러니 말이다. 미국은 이 대통령을 '인격화한 대한민국 그 자체'로 이해했다. 민주주의의 ABC에 위배되는 것이었지만 그것이 당대의 현실이었다. 적어도 미국 관리들이 남긴 문서에서, 헌법에 명기된 대한민국의 주권자 국민들은 '완벽한 무능력자들'이었다.

"(이승만이 아닌) 새로운 대통령이 취임하게 되더라도 대중은 받아들일 것이다. 수동적인 대중이 혼란을 몰고 오지는 않을 것이고, 금세 상황을 받아들일 것이다.…… 군중은 사태가 어떻게 돌아가고 있는지에 대해서 완전히 무지하다. 물론 이는 완벽한 검열 덕분이다. 문맹층은 어찌 되었건 이곳의 민주주의 발전을 위해 우리가 의존하고 있는 세력은 아니다."(라이트너 주한 미 대리 대사)

1950년대 현재. 대한민국이라는 민주 공화국에서 국민이 떠맡아야 할 역할에 대한 미국과 이 대통령의 이해 방식은 쪼개진 두 개의 펜던트 조각처럼 거의 정확히 맞아떨어졌다. 그들은 공화국과 민주주의에서 국민(people)을 완벽하게 축출했다. "대한민국에는 이 대통령과 같은 강력한 리더십이 필요"하며, "대중은 수동적으로 상황을 받아들일" 뿐이어서 "민주주의의 발전과는 무관"하다는 것이었다. 그래서 미국의 관찰자들은 "자신의 권력 유지가 곧 공화국의 번영"이라는, 이 대통령의 괴이하기 짝이 없는 자기 정체성을 이해하고 인정하게 된 것이다. 한미 동맹은 이처럼 창조주와 피조물 간의 '애정 어린 투쟁과 분노 섞인 용서'가 교차하는 기나긴 터널을 지나면서 그 기초가 완성되었다. 이 같은 경험적 진리를 체득한 이 대통령은 '동맹자인 동시에 반대자'라는, 야누스의 얼굴을 유지한 채 8년 동안이나 대한민국 그 자체로 군림하셨다. 그래서 나는 이 대통령을 "우리 대한민국 건국의 아버지"라 부르는 데에 아무런 거리낌이 없다. 아울러 철없는 반미 세대들이 '우리 건국의 아버지'에 대한 존경심을 갖고 또 그를 통해 대한민국의 정통성과 한미 동맹이 가진 참된 의미를 깨치도록, 그리 널리 알려져 있지 않은 '반미 투사 이 대통령'의 이미지를 있는 힘껏 널리 알리고 싶다. 가능하면 교과서에도 좀 넣어 줬으면 좋으련만.

앞서 이 대통령께서도 팔순이 넘어서야 비로서 '처음 접한 단어'가 있었다고 한 것을 기억하시는지. 그 단어가 무엇이었는지는 프란체스카도 몰랐다. 하지만 적어도 나는 추측할 수 있다. 아마 그건 '데모크라시' 아니 "디마~크러씨~"가 아닐까 하고.

고지훈 // bolivar@naver.com

현대사 연구자이자 역사문제연구소의 연구원이다. 한국 현대사와 미국이란 주제에 포괄적인 관심이 있으며, 좁게는 주한미군정기를 연구하고 있다. 쓴 책으로 『현대사 인물들의 재구성』이 있다.

포스트 386,
이야기 하다

이 자람
신 민영
봄로야

주류와 비주류를 넘나
계결음으로 걷다

진행 김지미

이제 386세대는 더 이상 386이 아니다. 그들은 30대를 거의 다 지나 버렸을 뿐 아니라 더 이상 새로움
을 실어 나르지 않는 죽은 바람, 박혀 있던 돌을 차 내고 그 자리에 대신 들어앉은 돌이 되어 버렸다. 그
리고 이제 1970년대생들이 30대가 되었지만, 그들은 딱히 어떤 이름도 부여받지 못한 채 순응과 타협
혹은 저항과 비판 사이를 오가며 출구를 모색하고 있다. 그들이 모색하는 비상구는 너무 많거나 혹은

너무 후미진 곳에 있어 눈에 잘 띄지 않기도 하지만, 빡빡하게 숨통을 조여 오는 현실 논리들에 지배당하지 않기 위해서는, 경제 성장을 지상 과제로 삼는 거대한 수레바퀴를 멈추기 위해서는 다양한 비상구들이 더더욱 필요하다.

이제는 더 이상 유효하지 않은 386적 고민들, 혹은 386적 세계관을 대신할 그 무엇이 있을까.

자신만의 색채가 분명하고 반짝반짝 빛나는 열정과 재주를 가진 '서른 즈음'의 세 사람을 만나 이야기를 나눠 보았다. 아직은 '예솔이'라는 이름으로 더 빨리 인지되지만, 촉망받는 국악인이자 언더그라운드 밴드 '아마도 이자람 밴드'의 보컬이며 국악을 기반으로 한 창작 음악극 「판소리 브레히트 사천가」를 만든 이자람. 서울법대에서 사시 패스라는 지독하게 전형적인 엘리트 코스를 밟아 왔지만 전 민노당 국회 의원 노회찬의 보좌관으로, 레게머리 전문 미용실 운영자까지 특이한 이력으로 더 눈길을 사로잡는 신민영. 그는 자신이 차린 광고기획사를 좀 더 단단하게 만들어야 한다며 남들은 못 들어가 안달인 사법 연수원에 들어가는 일조차 미뤘다. 서른을 목전에 둔 봄로야는 사춘기 소녀 같은 풋풋함을 간직하고 있지만 『선인장 크래커』라는 자전적 소설을 출간했고, 큐레이터와 미술창작자를 겸하는 데다, '봄로야밴드'의 보컬까지 맡으며 전방위적 예술 활동을 선보이고 있는 인물이다. 너무나 다른 개성으로 똘똘 뭉친 세 사람을 만나기 전, 내 마음은 기대 반, 걱정 반이었다. 그러나 어색함은 처음 인사를 나눌 때만 느껴졌을 뿐, 그다음부터 신명나게 이야기를 풀어 내는 그들을 보면서 걱정은 기우였다는 것을 깨달았다. 대화는 과거, 현재, 미래라는 광범위한 시간의 틀 속에서 자유롭게 흘러갔다.

첫 번째 질문은 그들의 존재를 궁금하게 여길 '어른(?)'들을 위해 마련된 것이었다. 때로 출생 연도만으로는 그 사람이 가진 경험의 간극을 가늠하기 힘들 때가 있는데, 개인에게 가장 인상적인 사회적 기억들을 더듬어 보는 것이 공감대를 형성하거나 차별성을 인지하게 하는 데 더 효과적이다. 1980년을 전후로 태어난 그들은 어떤 성장 과정을 거쳐 30대가 되었으며, 그들의 기억 속에 가장 강렬하게 각인된 역사는 무엇일까? 즉 그들의 소문자 역사와 대문자 역사는 어떻게 결합하고 있을까?

김지미

"역사의 첫머리, 사적인 기억들"

신민영 (이하 '신') : 저는 아이러니컬하게도 광주가 20대 초반까지의 기억 중 가장 컸던 것 같아요. 1988년쯤에 우연히 책에서 접했는데, 자국민을 상대로 총을 쏘고 했던 사람들이 TV, 정치판에 번듯하게 나오고 사람들이 그것에 대해 심각하게 문제를 제기하지 않는다는 것이 너무 이상했어요. 광주가 가장 큰 추동력이 된 학생 운동도 1999년에서 2000년 사이 맥이 끊겼다는 것을 후배들을 만나면서 실감할 수 있었어요. 저만 해도 광주의 자장 안에 들어와 있던 세대였는데 제 2~3년 후배들만 해도 그런 이야기를 들어도 시큰둥하고 우리가 4.19를 느끼듯이 광주를 보고 있더라고요. 그건 아마도 물리적으로 멀리 떨어진 사건이기 때문이기도 하고 광주의 자양분을 먹고 자란 세대들이 정치판에 등장했는데 별것 아닌 행동들을 하고 있기 때문이 아닌가 해요.

이자람 _(이하 '이') : 저는 성수대교 붕괴가 가장 기억에 남아요. 그냥 하늘이 빨간 날이었어요. 학교에 있는데 남자 친구한테서 전화가 왔어요. "너 어디냐. 성수대교가 무너졌다."라고 하더군요. 그때 삼풍 백화점도 무너지고, 무너진 것들이 많았잖아요. 정말 충격이 컸어요. 세상이, 한국이, 부실하게 만들어진 것들이, 제도나 사람들이 다 무너지고 있구나. 지금 제가 가장 관심을 가지고 있는 주제는 유전자 조작(GMO)이거든요. 부실하게 만들어진 것들이 우리 인생을 또 얼마나 부실하게 만들 것인지에 대해서 처음으로 생각하게 만든 사건이 성수대교 사건이었던 것 같아요. 유전자 조작이라든가 온난화라든가. 모두 긴 안목을 갖지 못하기 때문에 일어나는 일인 것 같아요.

봄로야 _(이하 '봄') : 저는 어렸을 때부터 정치랑 담을 쌓고 살았어요. 신민영 씨가 말한 그 후배들처럼 저는 99학번이거든요. 대학에 들어갔을 때 가톨릭 동아리에서 광주 관련 비디오를 보긴 했는데 별다른 감흥이 없었어요.

이 : 그러고 보니 여기 97, 98, 99학번이 한 명씩 모여 있네요. 달랑 1년 차이라도 이 세대가 엄청난 과도기를 거쳤어요. 1970년대 말에서 1980년대로 넘어가는 시기에 태어난 세대잖아요. 우리 동아리만 해도 97학번까지는 심포지엄 세미나도 굉장히 정치적으로 했는데, 97학번 이후부터 우리가 정치경제학 원론을 가지고 지금의 자본주의를 논하는 것이 맞느냐라는 문제가 제기됐어요. 원래 노래 운동을 하던 노래패였는데 97학번에서는 좀 변화를 모색해 보자던 것이 98학번에서는 지금을 풍자하는 것이 낫다, 이렇게 변했고, 99학번들은 풍자는 무슨 풍자냐 그냥 놀자 그러면서 모던록을 하는 밴드로 변했거든요.

그렇게 변화하게 된 계기가 무엇일까요?

| **이자람** | 아직은 '예솔이'라는 이름으로 더 빨리 인지되지만, 촉망받는 국악인이자 언더그라운드 밴드 '아마도 이자람 밴드'의 보컬이며 국악을 기반으로 한 창작 음악극 '판소리 브레히트 사천가'를 만든 이자람.

| 신민영 | 서울법대에서 사시 패스라는 전형적인 엘리트 코스를 밟아 왔지만 전 민노당 국회의원 노회찬의 보좌관으로, 레게머리 전문 미용실 운영자까지 특이한 이력으로 더 눈길을 사로잡는 신민영.

부실하게 만들어진 것들이 우리 인생을 또 얼마나 부실하게 만들 것인지 모두 긴 안목을 갖지 못하기 때문에 일어나는 일인 것 같아요.(이자람)

신 : 태생적으로 99학번들은 1980년 이후에 태어났으니까 광주에 대해서 이미 과거라고 느끼는 것이 아닐까요. 저만 해도 4.19 같은 것에는 아무런 감흥이 없으니까요. 그리고 IMF도 있었고, 또 하나는 대학 전형 방법이 바뀌었다는 것도 큰 역할을 한 것 같아요. 학부라는 것이 대학을 고등학교 생활의 연장전으로 만드는 기능을 하더라고요. 대학에 들어온 후에도 개별자로서 경쟁하도록 하는 거죠.

봄 : 잘 뭉치지 못하는 건 사실인 것 같아요. 제가 다닌 학교가 여자 대학이라 더 심했을 수도 있지만, 그래도 98학번 언니들은 등록금 투쟁 할 때 많이 모였대요. 그런 문제는 관심을 가지지 않으면 정말 아무도 안 알려 주는 분위기였거든요. 저는 그나마 동아리에서 설명을 듣고, 나중에 학생회장을 했기 때문에 알게 됐죠. 제가 학생회장이 된 것도 정말 별다른 이유는 없었고, 웃겨서 뽑혔어요. 선후배 간의 연대도 만들고 등록금 투쟁도 하자고 해서 집회에 나갔는데, 정말 달랑 열 명이 모인 거예요. 미대에서만도 아닌 전교에서요. 그래서 그냥 흩어지고 말았죠.

예전에는 등록금 투쟁이 학생 운동 가운데 하나였을 뿐 그게 학생회의 주된 역할은 아니었던 것 같다. 그런데 이제는 그것이 학생회에서 하는 유일한 운동이 되었고, 그나마도 성공하는 경우는 거의 없다. 얼마 전 7,000여 명의 학생들이 모여 등록금 투쟁을 한 것은 근간 매우 이례적인 일이었는데, 이제 대학생 운동의 목적과 방식도 변했을 뿐 아니라, 투쟁의 내용도 등록금이라는 다소 사적이고 경제적인 분야에만 한정되고 있다. 이것 역시 학부제로의 이동과 관련이 있는 것일까.

이 : 학부제 도입 이후 무한 경쟁 체제가 정말 눈에 확 보이게 되면서 인간적인 면이 사라진 것 같아요. 그 이전에는 "그래도……"라는 말이 통했다면, 지금은 "그래도……"라고 말해도 "난 싫어."라고 냉정하게 말할 수 있는 감성이 지배적이 된 거죠. 우리 때만 해도 무라카미 하루키를 읽고 열광하던 사람들이 남아 있었다면 00학번 이후에는 과연 그럴까라는 생각이 들어요.

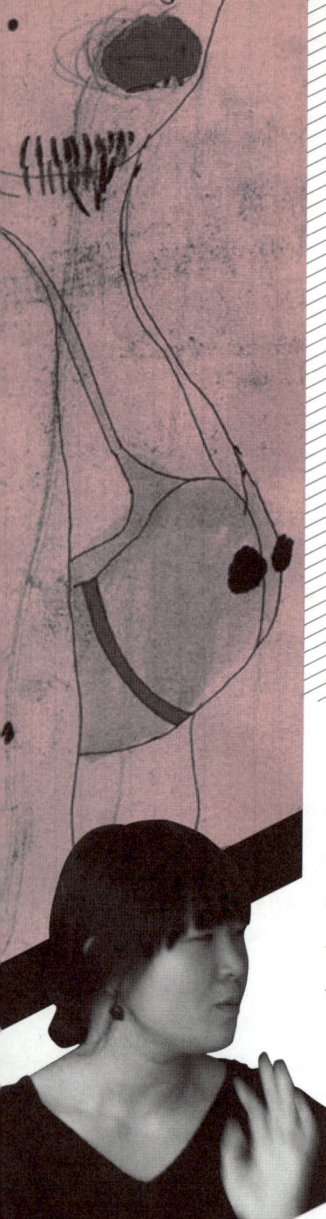

하루키에 열광하는 것은 어떤 감수성인 거죠?

이 : 제가 학생 운동의 끝자락을 붙들고서, 뭔가 염세적인 듯하지만 그래도 세상에 대한 희망을 놓지 않는 세대라면, 지금 학생들은 그나마 그 애정도 없는 것 같아요.

처음에는 고작 1년의 차이들을 두고 민감하게 반응하는 것이 단순히 흥미롭다고만 생각했지만 이야기를 나누다 보니 아주 작은 경험의 차이들에도 예민한 것이 결국 이 세대의 감각이 아닐까라는 느낌이 어렴풋이 들었다. 그 작은 차이들이 뒤늦게 알게 된 광주에 전율하게 할 수도, 무덤덤하게 하품하며 넘어가게 만들 수도 있는 것이다. 경험의 작은 차이들에 대해 생각하다 보니 봄로야의 『선인장 크래커』가 떠올랐다. 그가 글도 쓰고, 일러스트도 그리고, 같이 주는 CD에 자신의 노래를 담아 내기도 한, 만능 예술인으로서 끼를 발휘해 완성한 이 책은 반(半) 아니 거의 자전적인 이야기라고 한다. 내용은 자신의 연애담과 왕따 경험 같은 어린 시절의 트라우마로 채워져 있고 다수의 공감이나 사회적인 공명에는 그다지 관심이 없다. 그래서 오히려 낯설다. 뭔가 사회를 향해 크게 말해 줘야 할 것 같은 대목에 이르러서도 계속 자기 안으로만 파고 들어간다. 이런 식의 기억하기와 말하기 방식이 이들의 공통점이라고 보아도 되는 것일까.

봄로야 씨의 책을 읽으니 외부 세계와의 충돌이나 그로 인한 변화보다 개인적인 상처와 기억들에 민감하게 반응하고 집중하는 것이 매우 중요해 보였어요. 이 세대에서는 이야기의 내용뿐 아니라 그것을 만드는 방식까지도 달라지고 있는 것은 아닐까라는 생각이 들었어요. 그런 식의 말하기나 과거를 구성하는 방식이 여러분 모두에게 공통적인 것인가요? 다시 말하면 여러분의 사적인 역사는 어떻게 기억되고 있나요?

이 : 세대 이야기를 하시니까, 과연 제가 이 세대를 대표할 수 있을까라는 의문이 먼저 떠오르네요. 저는 그다지 '노멀'하지 않거든요. 동시대의 친구들과 이야기할 때 군대 얘기부터 연애 얘기까지 말이 통하는 부분들이 점점 줄어들고 있어요. 점점 소수자가 되는 느낌이 들거든요. 저는 어떤 싸움을 시작한 것 같아요. 우리가 지치거나 어른이 되거나 제도에 편입하거나 안주하기 위해서 잃어 가거나 잊어버리거나 혹은 고의적으로 놓아 버리는 것들을 저는 붙잡고 살고 있는 사람인 거예요. 왜냐하면 창작을 하는 사람이기 때문에 그런 것들에 집중할 수밖에 없고, 현실에서 현명하다고 얘기되는 사람들이 걷는 길과 점점 더 멀어지고 있는 것이죠. 오히려 화려하다가 찌질해지고 있다고나 할까요.(웃음) 남들 결혼하고 캐슬인지 뭔

다시는 생각하고 싶지 않은 기억 중 하나는 입시였어요. 협박과, 미래를 위해 현재를 포기하라는 명제들을 처음으로 접하게 된 거죠.(신민영)

지에 들어갈 때 저는 집을 나와서 옥탑으로 가는 거죠.

신 : 저는 입시였어요. 다시는 생각하고 싶지 않은 기억 중에 하나인데, 첫 번째 이유가 주변에 있는 사람들을 암암리에 적대시하게 만들면서 그것에 상응하지 않는 것을 동시에 요구한다는 점이에요. '친구랑 잘 지내라' 뭐 이런. 두 번째로는 사회가 주입하는 끊임없는 공포, 그것이 처음으로 주입된 시기였기 때문인 것 같아요. 대학 들어가면 취직이 안 된다, 직장 가면 자격증은 있느냐, 노후 준비는 되어 있느냐 뭐 이런 것들이 밀어닥치는데 그것들의 시작을 알리는 신호탄이 바로 입시였던 것 같아요. 협박과, 미래를 위해 현재를 포기하라는 명제들을 처음으로 접하게 된 거죠.

봄 : 이번에 책을 쓰면서 어렸을 때 기록들을 다 들춰 보게 되었는데, 저는 제가 굉장히 곱고 밝게 자랐다고 생각했거든요. 그런데 일기장에는 정말 엄청나게 흉폭한 말들이 쓰여 있는 거예요. 부모님을 향한 분노 특히 아버

가부장제의 불합리함에 대해 관심을 갖고 깨닫게 된 것은 아버지에 대한 기억 때문이었어요. 또 하나, 따돌림을 당했던 경험이 기억에 남아요.(봄로야)

지에 대한 분노가 남성 전체에 대한 분노로 확대되었던 것 같아요. 가부장제의 불합리함에 대해 관심을 갖고 깨닫게 된 것은 아버지에 대한 기억 때문이었어요. 또 하나, 책에도 나와 있듯이, 따돌림을 당했던 경험이 기억에 남아요. 제가 특별히 예쁘거나 잘난 척하는 아이도 아니었는데, 어떤 요소 때문이든 공격을 당할 수 있다는 것을 깨닫기도 했고 제가 공격에 매우 취약한 사람이라는 것을 알게 됐지요. 그래서 좀 약한 존재들에 대해서 관심을 갖게 된 것 같아요.

이 : 대학원을 나와서 처음으로 극단을 만들었는데 그게 '타루'였어요. 원래의 취지는 판소리를 하는 젊은 사람들이 소통할 수 있는 자리가 없었기 때문에 그런 공간을 만들어 보자는 것이었어요. 얼굴도 모르는 친구들에게 전화해서 사람들을 모았고 그 사람들이 서로 인간적으로 친해져서 같이 연습실을 구했어요. 3년 만에 상도 받고 5년 만에 억대의 지원금도 받게 됐는데 그때부터 팀 내에 불신이 생겨나기 시작했죠. 그때가 20대 후반이었는데, 그런 것을 보니 처음에는 인간적인 미움이 자라났어요. 왜 서로를 믿지 못하는 걸까. 그런데 나와

일이 생겼을 때 어딘가로 쪼르르 달려갈 곳이 없어졌다는 것, 그게 바로 어른이 되었다는 증거 인 것 같아요.(신민영)

서 생각해 보니까 아티스트를 그냥 아티스트로 놔두지 않는 시스템이 문제더라고요. 이 찬란한 사람들이 모여서 괴물이 되는 이유에 대해서 생각하게 된 거죠. 종국에는 우리가 자본주의 사회에 살고 있기 때문인 거죠. 저는 그런 문제에 대해서 투쟁하고 그런 인간은 아니에요. 그런데 이런 일을 겪고 나니 미워할 것은 사람이 아니라 제도라는 것을 알게 된 거죠. 그러다 보니 근원적인 문제들에 대해서 생각하게 됐어요. 온난화도 문제고, 유전자 조작도 문제고. 유전자가 조작된 밀가루가 유통된다는데, 그럼 살인 사건이 얼마나 더 늘어날까. 이런 걱정이 또 되는 거죠. 그런데 제가 밀가루가 유통되는 걸 막을 수는 없잖아요. 그럼 저는 밀가루를 먹은 사람들의 마음을 풀어 주는 노래를 만들어야 되는 것이라고 생각해요.

"어른이 된다는 것"

'88만원 세대'라는 단어가 규정하고 있는 세대들을 보면 사회적으로 그들을 어른으로 인정해 주는 것이 아니라 아직 사회의 아들, 딸로 생각하는 경우가 많은 것 같아요. 여러분들은 언제 어떻게 어른이 되었다고 생각하고, 어떤 자질들을 충족해야 어른이 된다고 생각하나요?

신 : 저는 중1 때 그냥 혼자 다 컸다고 생각하고, 용돈을 벌기 시작했어요. 중학교 때는 신문 배달, 고등학교 때는 포르노 비디오 테이프 장사를 좀 했고,(웃음) 하이텔, 천리안 등에 '미국, 일본 테이프 팝니다' 그러면 알아서 연락이 오곤 했죠. 지금 생각하면 애였지만, 그때는 어른이 됐다고 생각했죠. 지금은 그냥 하루 하루 어른이 되어 간다고 생각해요.

이 : 저는 항상 제가 애라고 생각했는데, 서른 살이 되면서 변화가 찾아오긴 했어요. 외부적인 요인이 있었는데, 작년에 난생처음 남자한테 배신을 당해 봤고, 그 후에 아주 빠르게 성장했어요. 그러고 나서 서른 살이 되는 1월에 옥탑방으로 독립을 했어요. 사실 금전적인 독립은 아주 오래전에 했고, 오히려 집을 돕는 입장이었는데 아빠와 내 삶이 예술이 시절부터 복잡하게 얽혀 있어서 이것을 분리해야겠다는 생각이 들더라고요. 나를 위해서 또 부모님을 위해서. 외부적으로는 내가 독립한 것이 됐지만, 실제로는 부모님을 독립시켰어요. 독립하면서 지금은 아주 힘들고 어려운 상황이지만 이런 걸 남에게 얘기해 봐야 득이 안 된다는 것을 머리가 아닌 몸으로 알게 됐죠. 그리고 시간이 좀 지나니 모든 것을 바라볼 여유가 생겼어요.

봄 : 제가 성장하게 된 결정적인 계기는 책을 내는 과정에 있었던 것 같아요. 연애, 가족이랑 트라우마에 관해, 스물다섯 살 이전에 힘들었던 삶을 정리하기 위해 쓰기로 마음먹었거든요. 제 이야기와 픽션을 섞어 글을 쓰고 그림도 그리고 하면서 2년 정도 걸렸는데, 그걸 하면서도 계속 돈을 벌어서 작업에 써야 했고 밴드까지 하다 보니 돈이 엄청 많이 들더라고요. 그러면서 내가 하고 싶은 것을 하는 데 필요한 최소한의 돈이 얼만지, 이것을 하기 위해 누구와 어떤 대화를 나눠야 하는지 등등, 하고 싶은 것을 얻고자 할 때 갖춰야 하는 태도를 배웠어요. 사실 책을 내고 나면 완전히 행복해질 것 같았거든요. 그런데 막상 내고 나니 너무 허무한 거예요. 매스컴에서 인터뷰도 하고 이름은 좀 알려졌지만 큰 후원이나 일거리가 들어오지는 않더라고요.(웃음)

이 : 어른은 크게 두 가지가 있는데요. 좋게 되는 성숙함이거나 아니면 정말 구리게 되는 것. '어른이 된다는 것은 지치는 거다 주저앉는 거다 모르는 척하는 거다 뒤돌아 앉는 거다' 그런 가사를 쓴 적이 있거든요. 꿈과 열정과 현실의 밸런스가 무너져서 어느새 자기 자리를 딱 마련하는 것이 어른이라고 생각해요. 전 '백열등보다 촛불이 낫다'라는 철학이 있거든요. '계속 촛불처럼 흔들리면서 통장 잔고가 만 원이 되어도 어른이 안 됐으면 좋겠다'라는 꿈이 있어요. 현실하고 부딪히면서 내 나름의 여유를 찾는다는 게 제가 생각하는 성숙의 의미거든요. 통장 잔고가 만 원이어도 행복할 수 있다는 거죠.

신 : 일이 생겼을 때 어딘가로 쪼르르 달려갈 곳이 없어졌다는 것, 그게 바로 어른이 되었다는 증거인 것 같아요. 일을 하다 보면 학생들에게 아르바이트 일감을 줄 일이 있는데, 그 학생들은 갑자기 연락 끊고 안 나타나는 경우가 있어요. 데드라인 지나고 나서 뒤늦게 나타나서는 오히려 당당해요. 자기가 아팠는데 뭐 어쩌고 하면서. 어른이 된다는 것은 그렇게 도망갈 곳이 없어진다는 것 같아요. 학생은 그거 안 해도 다시 학생이지만 직장인은 하루하루가 시험이고 그게 안 되면 그냥 낙제하는 것이거든요. 심정적으로나 물질적으로 도망가지 않는 것, 그게 어른인 것 같아요.

경제적인 문제가 나와서 말씀인데, 신민영 씨야 부르주아의 길을 향해서 걸어가고 있지만 (웃음) 다른 두 분은 예술 쪽에 종사하고 계시잖아요. 그렇게 자기가 하고 싶은 일을 하면서 사는 삶과 경제적인 부를 누리는 삶이 언제나 일치하지는 않을 텐데 그 둘 사이의 밸런스를 어떻게 맞추면서 살아가고 있나요?

신 : 전 내세를 믿지 않아요. 내세가 있더라도 제가 다시 지구에 온다는 보장은 없을 것 같아요. 그래서 사람이 가진 재화 중에 가장 중요한 것은 시간일 텐데, 이것을 싫어하는 일이나 돈 때문에 하는 일에 투자하는 것은 바보 같은 짓 같아요. 그런데 이중적인 게, 한편으로는 어차피 일을 하는 거라면 좋아하는 일을 해야겠다고 생각하면서도 다른 한편으로는 좀 고생하더라도 나중에 자리 잡고 난 뒤에 몰디브로 가야 되지 않겠냐. 이런 고민을 하게 된다는 거죠.

신민영 씨는 하는 일 자체가 돈을 버는 것과 배치되지는 않기 때문에 일하는 것과 즐기는 것의 균형을 어떻게 맞추느냐에 초점을 맞추고 있는 거군요. 일하면서 즐길 것이냐 왕창 일해 놓고 즐길 것이냐.

신 : 클라이언트들 중에도 함께하면 즐거운 사람, 전화 받기도 싫은 사람들이 있거든요. 돈을 벌려면 사실 둘을 가리면 안 되죠. 이자람 씨와 봄로야 씨 두 분의 일을 노동이라고 불러야 할지는 모르겠지만, 저는 제가 하는 일을 노동이라고는 그다지 생각하지 않아요. 대체로 하고 싶은 대로 일하고 있으니까. 하지만 함께 일하고 싶은 사람하고만 일하면서 즐겁게 살 것이냐 모든 일을 다 하면서 쉴 틈 없이 살 것이냐 그 둘 사이에서는 계속 고민하게 되죠.

봄 : 저는 할 수 있는 일이 다양한 편이에요. 큐레이터를 하면 일단 규칙적으로 돈이 꼬박꼬박 들어오니까 그 돈을 가지고 작업을 해요. 그런데 일러스트레이터는 프리랜서로 하는 거라서 돈이 별로 안 되더라고요. 아직은 일이 많이 들어오는 편이 아니라서 그런지. 저는 계속 투잡으로 갈 것 같아요. 그래도 소득은 얼마 안 돼요.

자립해서 살 만큼은 나오나요?

봄 : 그림 쪽 일이라는 게 정말 잘되면 돈이 되긴 하죠. 그런데 전 책을 내고 싶은 사람이거든요. 음악과 그림이 함께하는 형식의 책을 내고 싶은데, 그것만으로 먹고살기는 힘드니까. 이런 현실적인 생각을 하게 된 것도 얼마 안 된 것 같아요. 빨리 독립해서 나오고 싶은데.

이 : 독립하면 더 심해질 텐데. 저 독립하고 나서 가장 큰 변화가 절대로 4,000원짜리 커피는 안 사 먹는다는 거예요. 그건 정말 미친 짓이더라고요. 그리고 도시락 싸서 다녀요. 독립을 하면서 처음으로 제가 모아 놓은 목돈이 없다는 것을 깨달았어요. 목돈은 없는데 도움

저는 제가 하는 일을 노동이라고는 그다지 생각하지 않아요. 대체로 하고 싶은 대로 일하고 있으니까.(신민영)

청할 곳도 없고, 정말 세상에 나 하나뿐이구나, 절실히 느꼈죠.

이자람 씨는 공연도 많이 하고 해서 경제적으로 큰 어려움은 없을 것 같은데.

이 : 공연을 한 달에 두세 번만 해도 월세도 내고 잘 살 수 있어요. 그런데 예를 들어 「판소리 브레히트 사천가」의 작업 기간이 7개월이었는데 이 작업 기간에 저는 정말 몰입하거든요. 몰입한다는 것은 놀아야 한다는 건데, 사람들 많이 만나고 어슬렁거리고 그러는 거죠. 그 기간은 가난하게 보낼 수밖에 없어요. 그렇게 준비해서 정말 공연이 잘 나오고 언론 반응도 좋더라도 당장 돈이 들어오는 것도 아니고요. 저는 창작자니까 기획은 잘 몰라서 기획자가 시키는 대로 하는데 제 주변에는 상업적인 목적을 추구하기보다는 '우리 이제 다음 작품을 만들어야지.' 그런 사람들이 더 많아요. 그럼 저는 또 다음 작품을 만들기 위해 가난해지는 거죠. 창작 앞뒤로 3개월씩 총 6개월은 정말 가난한 시절이에요.

그런 삶은 경제적인 측면에서 봤을 때 동세대들의 삶에 비해 좀 비현실적인 것 아닌가요?

이 : 그런 식의 삶이 유지될 수 있는 것은 그래도 제 이름이 좀 알려져서 방송국에서도 불러주고, 공연 요청도 들어오고 해서이지, 만약 그렇지 않았다면 정말 가난하고 궁상맞게 살아야 할 거예요. 작정하면 돈을 벌 수도 있겠지만, 지금은 그냥 원하는 만큼만 벌고 원하는 만큼만 쓰려고 해요.

지금 원하는 것은 호화로운 아파트에 들어가서 사는 것이 아니라 그냥 6개월의 가난함을 버틸 수 있는 정도로군요.

신 : 어느 정도 노동의 굴레를 벗어난 삶의 형태인데요.

봄 : 그렇지만 그런 것도 다 노동인데요.

이 : 그냥 가장 행복한 형태의 삶을 살고 있는 것 같아요. 누가 저더러 진짜 좋겠다고 해도 별로 할 말이 없어요. 진짜 좋거든요. 원할 때 돈을 벌 수 있고 마음에 안 드는 공연은 안 할 수도 있고.

　　　정말 부러운 삶이네요.

이 : 그렇지만 그런 용기를 갖게 된 지는 얼마 되지 않았어요. 이를테면 방송국에 갔을 때 "이자람 씨 버스 타고 다녀요?"라는 질문에 아무렇지도 않게 반응할 수 있게 되는 거 말이 죠. 어느 순간 그런 것에 대한 집착을 놓았기 때문에 '나는 이 정도로 가난하게 살고 있지만 괜찮아.'라고 생각하게 된 거죠. 사람들의 시선이 사실 좀 그랬거든요.

"삶의 전략들, 주류와 비주류 사이에서"

　　　우리 사회는 한편으로는 세련된 스타일을 추구하는 삶의 가치를 높이 사지만 다른 한편으로 는 삶의 질을 논하는 데 있어 경제적인 성공을 절대적인 기준으로 삼고 있습니다. 문화 예술에 대한 투자와 열정이 많은 비중을 차지하는 여러분의 삶은 현대 사회의 가치관과 부합되는 면 도 있고 그렇지 않은 면도 있을 것 같습니다. 또 여러분이 추구하는 삶의 방식에도 주류 문화라 는 것이 있잖아요. 그런데 여러분의 방식은 분명 주류라고 불리는 것에서 좀 떨어져 있는 것 같 거든요. 왜 그런 방식으로 자기 삶의 위치를 잡는 것인지 궁금하네요.

이 : 저는 주류이자 비주류이고 언더이자 오버이고 권력이자 비권력이에요. 저는 경계에 서 있는 사람이에요.

　　　경계에 서 있다는 것은 여기 모인 분들의 공통점인 것 같아요. 이자람 씨는 말할 것도 없고 봄 로야 씨는 음악, 미술, 문학의 장르를 넘나들고 있고 신민영 씨 같은 경우에는 문화, 법, 경제의 영역들을 왔다 갔다 하고 있잖아요. 그런데 우리가 흔히 전문가라고 말할 때는 한 분야에 몰입 해서 권위자가 되어야 하는데 여러분들은 그것과는 정반대로 여러 분야를 혼합하고 경계들을 무너뜨리면서 가고 있다고 생각되거든요. 그런 방식의 문화 전략을 구사하는 이유가 있나요?

신 : 저는 굉장히 전략적으로 그렇게 살고 있는데요. 지금 변호사나 판검사를 하는 친구들, 제가 보기에는 좀 위태위태해 보여요. 항상 주류가 안전하다고 생각하는데, 사실 주류만큼 불안한 것이 없거든요. 지금은 공무원이 최고라고 하지만 그게 또 언제 바뀔지 몰라요. 시대 를 자기의 눈으로 보지 않고 자기의 힘으로 헤쳐 나가지 않는 사람은 그 시대의 흐름이 변하

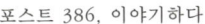

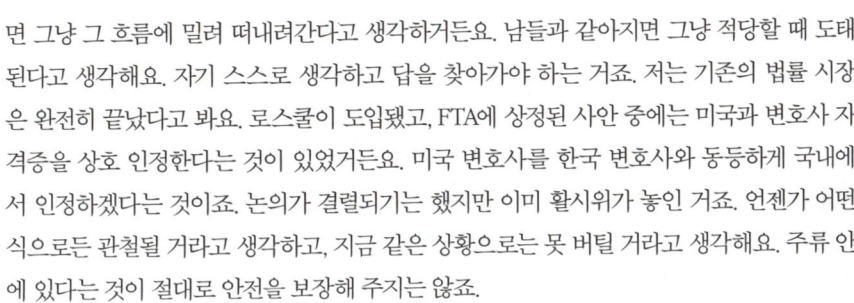

면 그냥 그 흐름에 밀려 떠내려간다고 생각하거든요. 남들과 같아지면 그냥 적당할 때 도태된다고 생각해요. 자기 스스로 생각하고 답을 찾아가야 하는 거죠. 저는 기존의 법률 시장은 완전히 끝났다고 봐요. 로스쿨이 도입됐고, FTA에 상정된 사안 중에는 미국과 변호사 자격증을 상호 인정한다는 것이 있었거든요. 미국 변호사를 한국 변호사와 동등하게 국내에서 인정하겠다는 것이죠. 논의가 결렬되기는 했지만 이미 활시위가 놓인 거죠. 언젠가 어떤 식으로든 관철될 거라고 생각하고, 지금 같은 상황으로는 못 버틸 거라고 생각해요. 주류 안에 있다는 것이 절대로 안전을 보장해 주지는 않죠.

그렇다면 문화 영역에 관심을 두는 것은 어떻게 하면 나에게 맞는 범주를 더 넓힐 수 있는가를 모색하기 위해서인가요?

신 : 저는 대학에 들어갈 때까지는 모든 걸 참고 보자 했는데, 대학에 가서 보니 고등학교 때의 논리가 똑같이 반복되는 거예요. 충격을 받았어요. 이번에는 사시에 붙어야 된다고 하더군요. 지금 연애를 할 것이 아니라 먼저 사시에 붙어라, 붙으면 예쁜 여자들을 만날 수 있다. 뭐 이런.(웃음) 그런데 사시 합격하면 그다음엔 또 판사 돼야 한다고 하고, 판사 되면 대법관 돼야 하고, 또 뭘 해야 하고. 뭐 그런 식이었는데……. 너무 충격을 받아서 이 논리에 끌려다니지 말고 그 고리를 끊어야겠다고 생각했지만 딱히 잘하는 것도 없고. 그럼 좋아하는 게 뭘까 그렇게 질문을 했는데, 거기에 답할 수 있는 게 없었어요. 그래서 이자람 씨처럼 젊은 나이에 자기가 좋아하는 것이 뭔지 알고 그것을 추구해 나가는 사람들이 정말 부러웠어요. 20대 때부터 내가 좋아하는 것이 뭔지 정말 알고 싶었는데, 그것은 책에서도 안 가르쳐 주더라고요. 뭐든지 해 보고 싶은 것이 있으면 끝까지 해 보자. 그런 생각으로 문화 예술 분야도 끝

> 저는 주류이자 비주류이고 언더이자 오버이고 권력이자 비권력이에요. 저는 경계에 서 있는 사람이에요.(이자람)

까지 해 보려고 20대 때 관심을 뒀어요. 이제야 좀 알 것 같아요. 내가 좋아하는 것이 뭔지, 잘하는 것이 뭔지.

그게 뭔데요?

신 : 사람들을 돕는 거랑 코디네이트를 잘해요. 누군가를 필요로 한다고 하면 바로 바로 데

려올 수 있죠. 10년 동안 사람 만나고 다닌 게 일이었으니까. 그리고 사람들 이야기 듣는 것을 좋아하고요.

봄 : 저는 음악은 정말 아무것도 몰라서 재밌지만 그림은 뭔지 좀 알아서 그렇지만도 않고. 남들은 큐레이터와 그림 그리는 일을 어떻게 동시에 하느냐고 물어보는데, 큐레이터는 전시를 기획해서 보여 주고 공감을 얻지만 미술 작업은 봄로야를 보여 주는 거잖아요. 저는 저를 보여 주고자 하는 이상한 스타 기질도 있고 사람들하고 함께 작업하는 것도 좋아하니까 그게 가능하죠. 또 가끔은 일반인들한테 회비 약간 받고 누구나 할 수 있는 전시를 기획하기도 하는데 대부분 홍대 문화를 모르는 분들이라 저는 그분들에게 홍대의 인디 밴드 공연을 보여 드리기도 해요. 그런 전시 기획을 하고 나면 남는 건 5만 원 남짓이지만 그 과정에서 진짜 소통을 배우고, 어쩌면 그런 식으로 비주류의 문화를 전파하는 것이기도 하고. 저는 제가 하는 일은 비주류가 아니라고 생각해요. 비요크도 자신의 나라인 아이슬란드에서는 국민 가수잖아요, 여기서야 마니아들만 좋아하지만. 상대적인 거 아닌가요? 저도 제가 하는 일을 통해서 더 많이 알려지고 그걸로 돈도 많이 벌고 싶거든요. 선택해서 비주류가 된 것은 아니라는 거지요.

신 : 사실 원해서 비주류가 되고 싶은 이는 아무도 없는 것 같아요.

봄 : 맞아요. 프린지 페스티벌도 비주류이긴 한데, 그들이 돈을 벌고 싶지 않아서 그것을 하는 것은 아니잖아요. 물론 보다 실험적인 기준들이 있기는 하죠.

이 : 전 주류예요. 적어도 국악계에서 제 위치는 아주 평탄해요. 교수님들이 진짜 저를 아껴 주시는데 그건 아마도 제가 전통 판소리를 매일매일 연습하기 때문인 것 같아요. 연습량만큼 실력이 보장되는 거니까요. 굳이 주류의 권력자들을 자극하는 제스처를 하지도 않고, 무엇보다도 제가 하는 것이 판소리를 파괴하는 것은 아니거든요. 오히려 제가 생각했을 때 저는 진짜 판소리를 찾는 거죠. 판소리꾼으로서 광대의 시선으로 세상을 비판하고 또 그것을 재밌게 전달하는 게 지금 이 시대의 판소리라고 생각하거든요. 「판소리 브레히트 사천가」가 제가 타루를 나와서 처음으로 써 낸, 이게 판소리 아닐까라는 작품이었어요. 그런데 판소리라는 타이틀이 있으면 사람들이 선뜻 보려 하지 않아요. 그래서 우선은 홍보 때문에 창작 음악극 이런 식으로 우회를 하지만 언젠가는 판소리라는 타이틀로 홍보하고 싶어요.

밴드도 하고 있잖아요.

이 : 밴드는 좀 달라요. 판소리는 제 인생의 기저에 깔려 있고, 제 평생 변함 없이 할 작업이 판소리를 살려내는 거예요. 지금은 박제됐다고 생각하거든요. 진짜 판소리가 살아 숨 쉬려면 이 공간에서 하는 얘기가 제 입을 통해 제대로 나와야 되거든요. 그러려면 음악성과 깊이가 담보되어야 되기 때문에 전통을 놓지 않으려고 하는 것이고, 또 전략적인 것도 있어요. 전통을 놓지 않고 있기 때문에 권력자들에게 사랑을 받고 있다는 것.(웃음) 그렇기 때문에 제가 싸울 방패가 생기는 거예요. 제가 처음에 밴드를 한다고 했을

> 저도 제가 하는 일을 통해서 더 많이 알려지고 그걸로 돈도 많이 벌고 싶거든요. 선택해서 비주류가 된 것은 아니라는 거지요.(봄로야)

때 선생님들께서 "너 청바지 입고 소리 하냐?"라고 혼내셨어요. 그렇지만 제가 전통적인 판소리를 무대 위에서 손색없이 해냈기 때문에 또 무마가 되는 거죠. 저는 주류에 발을 딛고 있고 서 있지만 계속 제가 옳다고 생각하는 것을 하는 건데, 그게 비주류라고 말할 수 있는지. 저는 소수자의 입장을 지지하긴 해요. 그게 맞는 거니까요. 레즈비언, 게이도 지지하고, 우리나라에서 착취당하는 외국인 노동자들도 지지하고. 그냥 제 눈길 닿는 곳에 있는 옳은 것에 손을 들어 주는 거죠.

"세대 감각, 그런 게 있을까?"

이야기를 나누다 보니 기성 세대와 구별되는, 새로운 세대라고 막연히 생각했던 그들이 이미 정신적으로 또 경제적으로 독립적인 삶을 단단히 꾸려 나가고 있다는 느낌이 들었다. 뚜렷한 개성이나 자신만의 스타일이 가장 중요해 보이는 이들도 공유하는 지점이 있을까. 사실 이것은 나 스스로에게도 던져 보고 싶은 질문이었다. 정신적으로는 386세대에게 많은 영향을 받았지만 객관적인 조건은 결코 거기에 속한 적이 없었던 95학번으로서 나의 대학 생활은 막연하게 386세대에 의한 부채 의식과 그 세대의 다소 집단주의적인 태도에 대한 혐오로 채워졌었다. '소통'이라는 단어를 습관적으로 입에 달고 살면서도 개인과 개인 사이의 소통 불가능성에 더 공감했으니 당연히 어떤 공동체주의를 꿈꾼 적도 없었던 것 같다. 좌담에 참여한 이 셋의 철저한 학번 구분에 따르자면 나와 그들 사이에도 엄청난 틈이 있을 텐데, 이

들은 흔히 '세대 감각'이라고 부르는 세대적 공통 감각에 대해 어떻게 느끼고 있을지 궁금해졌다.

> 본인들 세대가 가지고 있는 공통의 의식이 있나요? 다시 말하면 흔히 말하는 공통의 세대 감각
> 같은 것이 있다고 생각하세요? 예를 들면 386세대라고 했을 때 그들의 실체는 동질적이지 않
> 더라도 특정한 정치적 성향이나 삶의 패턴들이 떠오르잖아요. 여러분 같은 경우는 그런 것들
> 이 아직 확고하게 정해지지 않았기 때문이기도 하지만 그래도 앞 세대와는 구별되는 지점들이
> 있을 것 같아요.

신 : 저는 세대 구분을 별로 좋아하지 않아요. 사람 사는 게 그렇게 크게 달라진다고 생각하지 않거든요. 책을 읽어 봐도 사람의 욕망이 자라는 방식이 크게 다르지 않고요. 외국 사람을 만나 봐도 그렇고 다 비슷한 것 같아요. 오히려 앞 세대들에게 반문하고 싶어요. 우리가 자신들과 다르다고 생각하는지.

> 사실 인간들은 비슷하게 뜨겁고 비슷하게 외롭고 비슷하게 슬픈 거잖아요. 지금은 무한 경쟁 체제가 그런 것들을 감추게 만들고 있는 것 같아요.(이자람)

이 : 신민영 씨 말대로 인간 자체가 다를 수는 없는 것 같아요. 그렇지만 어떤 감수성을 포장하는 방식들은 완전히 달라지는 것 같아요. 예를 들면 우리 세대가 대학에 다닐 때는 학교에서 운동권이 싹 걷히면서 '쿨함'이 유행했거든요. 애인에게도 쿨하고 부모님에게도 쿨하고, 그러니까 프리섹스도 가능한 거죠. 그런데 사실은 엄청 상처받고 똑같이 아픈데 쿨해야 되기 때문에 드러내지 않았죠. 그런 식으로 포장된 감성이나 스타일이 한 세대에 유행하면서 마음들까지 바꾸는 것 같지만 사실 인간들은 비슷하게 뜨겁고 비슷하게 외롭고 비슷하게 슬픈 거잖아요. 지금은 무한 경쟁 체제가 그런 것들을 감추게 만들고 있는 것 같아요. 지금 자라는 어린아이들은 스무 살에 그런 고민을 하지 않을 것 같아요. 하지만 서른 살이 넘으면 뒤늦게 깨닫겠죠. 왜냐하면 지금 세대들의 스타일은 꿈보다는 현실에 대해서 더 생각하도록 만드니까요. 그런 제도적인 것들이 유행을 만들고 유행이 세대의 스타일을 지배하고, 각자의 마음을 스타일에 맞추다 보니까 세대 간의 차이가 있는 것 같아요. 그 차이는 사람의 차이가 아니라 제도에서 비롯된 거죠.

저는 세대 구분을 별로 좋아하지 않아요. 사람 사는 게 그렇게 크게 달라진다고 생각하지 않거든요. 오히려 앞 세대들에게 반문하고 싶어요. 우리가 자신들과 다르다고 생각하는지.(신민영)

신 : 다시 정체성 문제로 돌아가면 저는 세대로서의 정체성이 없어요. 있다고 해도 저는 무시하고 살았을 거예요.

봄 : 저는 워낙 문화 쪽에 가까운 사람들하고만 지내서 그런지 세대라는 걸 잘 모르겠어요. 저한테 세대라는 말은 정치, 사회적인 것들하고만 관련되는 것으로 느껴져서 그 카테고리 안에서만 생각하게 되는데, 저는 그런 문제에 대해서는 전혀 모르겠거든요.

세대 정체성에 대한 질문은 지금까지 얘기를 나눴던 어떤 질문들보다도 답변을 이끌어 내기가 힘들었다. 그것은 그들이 단일한 정치적 쟁점과 맞서 싸워 본 적도, 그럴 필요도 없었다는 사실과 관련된 것이 아닌가라는 생각이 들었다. 이것은 한편으로는 그들이 민주화 이후의 세대라는 점에서 정치적 자유를 지상 최대의 목적으로 생각해 본 적이 없었기 때문일 것이기도 하고, 다른 한편으로는 쉼 없이 홀로 싸워야 하는 무한 경쟁 상태에서 자랐기 때문일 것이기도 하다. 어쩌면 386세대에 대한 대타 의식은 그들 스스로는 가져 볼 필요도 없는 것인지도 모르겠다는 생각이 들었다. 누구와 함께 누구에게 맞설 것이냐보다는 내가 어떻게 살 것이냐가 언제나 더 중요하고 시급한 문제였던 것이 아닐까. '세대 감각'이라는 질문에 디지털 세대의 감수성과 N세대, 블로그, 키치 등 다른 이야기만 쏟아 내는 그들을 보면서 '세대 감각'이란 단어 자체가, 이들에게 걸맞지 않는 시대 착오적인 틀이 아닌가라는 반문을 하게 되었다. 개인을 전체로 아우르려는 태도 자체가 무의미하게 여겨지는 것, 그것이야말로 이들의 공통 감각이 아닐까.

"미래를 위한 싸움"

대화를 나눈 지 세 시간이 넘었고, 이제 슬슬 미래에 대한 이야기를 나눠 보아야 할 때였다. 세상이 정해 놓은 규칙들에서 비교적 자유롭게 자신들을 놓아 준 이들에게 미래는 모든 가능성이자 무한한 장애들을 타고 넘어가야 하는 길이리라. 그들이 그리는 미래는 어떠하며 그들은 무엇을 어떻게 준비하고 있을까.

이 : 저는 얼마 전 처음으로 나이가 많은 국제공연예술기획공연 팀장한테 싸움을 걸었어요. 원래 제가 그런 사람은 아니거든요. 현대 무용 하는 사람들하고 워크숍을 하면서 공연 준비를 하고 있었는데, 워크숍 회의에서 공연 팀장이 "무용수들 출연료는 안 받으셔도 돼죠?"라는 거예요. 저는 소리 워크숍을 진행하는 사람으로 갔으니 가만히 있었는데 화가 막 올라오

는 거예요. 그래서 무용계는 원래 그러냐며 조근조근 따졌죠. 그리고 나서 심장이 벌렁거리긴 했지만요. 원래는 이런 거 못 하는 사람인데, 이제는 한국 공연판의 잘못된 관행들과 싸울 준비가 되어 가는 것 같아요. 그런 말을 할 수 있는 자격이 제게 어느 정도 주어졌고, 적어도 그런 말을 했을 때 "이씨 너 죽을래."가 아니라 "미안합니다."라는 말을 들을 수 있는 사람이 되어 가고 있으니까요. 제가 할 역할은 그런 말을 할 수 없는 약자들 속에서 워리어가 되는 것이라는 생각이 들었어요. '아, 이제 내가 앞으로는 계속 싸움을 하겠구나.' 그리고 주변에 그런 사람들이 자꾸 모여요. 힘 없고, 상처받고 소수자인. 그런데 이런 사람들이 커다란 코뮌을 형성해서 서로의 영역에서 도움이 되는 거예요. 판소리라는 장르를 살리는 과정 안에서 여러 장르의 사람들을 만나면서 서로에게 버팀목이 되고 모델이 될 수 있도록 만드는 게 앞으로 제가 할 일인 것 같아요.

신 : 스물한 살 때 처음 직장 생활을 하면서 느낀 건데, 아무리 똑똑해도 한 사람이 두 사람을 못 이겨요. 투자도 지식만으로 하는 것은 아니거든요. 나는 나름 투자 기법도 열심히 공부했는데 이상하게 투자를 해 놓고 나면 별것 아닌 것처럼 보이는 30대 중후반 아저씨들보다 뭔가 박력이 없는 거예요. 그게 왜일까 생각해 봤는데, 저는 혼자 잘나고 똑똑하긴 했어도 친구가 없었던 거예요. 그러다 보니 누군가에게 투자 대상에 대해서 물어보면 좋은 얘기만 해 주고 정작 나쁜 얘기, 정말 중요한 이야기를 해 주는 사람이 없었어요. 그래서 그다음부터 저는 제 사람을 만드는 게 정말 중요하다는 것을 깨달았어요. 믿을 수 있는 사람들을 많이 만드는 게 가장 큰 자산이라고 생각하고, 이제는 팀으로 움직이려고 노력해요. 믿을 수 있는 사람을 곁에 두기 위해 제가 먼저 믿을 수 있는 사람이 되려고 하고요. 또 하나 하고 있

그림이나 글같이 제가 좋아하는 수단으로 환경 문제 등에 대한 생각들을 펼쳐 내고 싶어요.(봄로야)

는 게, 변호사 시험은 이미 대세가 바뀌었다고 생각해서 로스쿨을 준비하는 사람들의 커뮤니티 가운데 가장 큰 것을 운영하고 있거든요. 다음 세대, 앞으로 변호사 시장에서 주류 역할을 할 사람들은 바로 이 사람들이니까 이 안에서 대안을 찾는 것이 맞다고 봐요. 커뮤니티를 운영하면서 스터디도 조직해 주고 제가 공부했던 노하우들도 알려 주고, 그 가운데 뜻이 맞는 사람들을 모아서 동아리도 만들고, 그러다 보면 나중에는 로펌 같은 것도 만들 수 있

을 것 같아요.

봄 : 저는 화가 잘 안 나거든요. 가끔 화가 날 때는 공통점이 있는데 그중 하나는 누군가 책임을 다하지 않았을 때이고 다른 하나는 환경에 관련된 문제를 얘기할 때예요. 그래서 환경에 관한 그림도 그리고 노래도 부르면서 운동을 하고 싶은데, 지금은 제가 하고 싶은 것을 할 돈이 없어요. 대학교 때 '쫌매거진'이라고 해서 제 블로그에 오는 사람들한테 아주 적은 돈을 받고 그림하고 글을 발송해 주고 그 돈을 모아서 봉사 활동에 기부를 한 적이 있어요. 그 때의 경험을 되살려 보면 너무 소중하고, 더 크게 할 수 있을 거라는 생각도 들어요. 봉사만 하는 것이 아니라 그림이나 글같이 제가 좋아하는 수단으로 그런 문제에 대한 생각들을 펼쳐 내고 싶어요. 지금 가장 관심을 가지고 있는 것은 환경 문제예요.

어떻게 보면 잡담으로 들릴지도 모르는 이야기들이다. '우리는 ○○○이다.'라고 속시원하게 규정하지도 않고, 앞 세대가 틀렸다며 과격하게 부정하는 법도 없으니 미지근하게 느껴지기도 한다. 하지만 그런 식의 자기 증명을 기대하는 것 자체가 그들에게는 불필요한 화법 혹은 과도한 제스처인지도 모르겠다는 생각이 들었다. 각기 다른 관심사에 빠져 있고, 다른 일을 하며, 다른 미래를 꿈꾸는 세 사람은 부드러운 미소 뒤에 절대 부러지지 않는 강단이 있다는 공통점이 있었다. 그래서 어떻게 보면 세상이 흘러가는 대로 잘 따라가는 것 같으면서도 슬쩍 슬쩍 한 걸음씩 옆으로 '게걸음'을 걷고 있는 것처럼 보였다.

정통 판소리 스승에게 사사를 받고 판소리계의 적자로 인정받고 있는 이자람이 이 시대의 진정한 판소리를 찾겠다며 창작극을 만들고 밴드를 만들어 좀 더 넓은 소통을 기대하는 모습이나, 정작 자신은 사시에 합격해 놓고도 사법고시는 더 이상 유효하지 않다고 힘주어 말하는 신민영의 목소리, 그리고 돈이 안 된다는 것을 알면서도 자신이 하고 싶은 일들을 포기하지 않고 그림, 글, 음악 그 모든 것을 끌어안고 있는 봄로야의 모습 속에는, 느릿하게 옆으로 슬금슬금 기어가는 '게걸음' 같은 태도가 있다.

그들은 어쩌면 빠르게 앞으로 나가거나 정상에 우뚝 서는 일에는 좀 느릴지도 모른다. 하지만 좀 더 넓게 볼 수 있을 것이고 누군가와 함께 설 수 있는 자리를 마련해 나가는 일에는 소홀하지 않을 것 같다. 그것이 바로 격한 반목과 투쟁의 허탈한 뒷길에 선 세대에게 필요한 태도가 아닐까. (끝)

어쩌면 중국 인민이 이상계에서 꾸는 꿈

김국현

우리에게는 자유의 창이 있다. 액정 너머 그 무한대의 창 앞에 선 우리는 어딘가 달라진다. 때로는 만용을 부리고, 때로는 색다른 생각을 한다. 그 신기한 창 너머에서 펼쳐지는 세계는 내 손끝이 시키는 그대로 표현되고 또 움직인다. 현실의 제약에 억눌린 마음은 그곳에서 풀어진다. 컴퓨터와 네트워크가 연결한 수천만 명의 마음과 생각. 이 생각들로 가득 찬 시뮬레이션된 가상의 공간은 인간에게 전례 없는 용기를 주고 있다. 이 공간에 던져진 우리는 현실에서는 언감생심 할 수 없었던 일, 꼭 해 보고 싶었지만 못 해 봤던 일들을 호기롭게 꿈꿔 보기도 한다. 그리고 이 욕망은 개개인의 치기로 흩어져 끝나지 않고, 이 욕망을 조율하고 조정하고 관할하는 세력에 의해 하나의 응집된 동력을 형성한다. 우리는 이미 이상계(理想/異像界)의 건설자들을 여럿 목격해 왔고, 지난 10년 동안 일확천금의 향배는 모두 이를 성공적으로 해낸 초월적 정리자들에게로 돌아갔다. 구글과 네이버 등에게로.

지금 중국은 이상계 건설 중

그러나 지금 우리의 이웃에서는 이러한 사기업은 상상도 못할 스케일의 이상계가 건설되고 있다. 그 이웃은 바로 옆집 중국이다. 그곳은 기이하고 놀라운 땅이 되어 가고 있다. 그곳의 인민들은 현실 그 자체를 아예 이상계로 만들어 버리기라도 하려는 듯, 엄청난 양의 정보를 네트워크로 업로드해 내고 있다. 규모가 다르다. 이상계로 반출된 현실 정보는 그 새로운 땅에서 매우 빠른 속도로 재가공되어 현실로 다시 역수입된다. 거리마다 산재한 불법 DVD상들은 그 배설물들이다. 신작 DVD는 출시되자마자 바로 '립(Rip)'되어 네트워크로 업로드되고 전 세계적으로 비트의 유통이 시작됨과 동시에 다시 불법 DVD의 모습을 하고 현실로 돌아온다. 현실계와 이상계의 변경(邊境)에 중국이라는 엉뚱한 '작업장'이 마련된 것이다. 지구 한구석에서 순식간에 벌어지고 있는 이 촌극 같은 활극은 서양 근대화가 제안한 질서 한 가지를 웃어

넘기고 있다.

이미 베른 조약에 가입해 있는 중국은 대외적으로는 서양 세계가 마련한 저작권이라는 재산권을 받아들였고, 올림픽까지 치른 지금 훌륭한 세계 시민으로 서양 질서에 편입된 듯 보인다. 그러나 변화의 와중에 놓인 현실이란 그렇게 녹록하지 않다. 지금의 세상을 만들어 온 이들과 자본주의 세계관의 형성 과정 자체에 무관심한 이들이 서로 다른 이데올로기를 지니고 그 땅의 '현실'을 살고 있다.

저작권을 비웃듯 엄청난 콘텐츠를 복제하고 자유롭게 나누고 있는 땅. 한국의 네티즌들 역시 중국 사이트에서 불법 자료를 다운받으면서 "중국집에서 구했다."라고들 말할 정도다. 그들은 아무렇지도 않게 브랜드를 붙인 웹사이트를 만들어 활동하면서 광고까지 유치한다. 중국의 대표 검색 엔진 사이트 바이두에조차 MP3 검색 메뉴가 당당히 자리를 잡고 있다. 요지경 속이다.

이 요지경은 일반적으로 이렇게 설명할 수 있을 것이다. 현실계에서 타인의 물건을 절취하는 일과 비교했을 때, 이상계에서 정보를 복제하는 일은 인간의 양심에 미치는 파장이 상대적으로 약하다. 파일을 업로드하고 다운로드하는 것뿐 아니라 동영상을 보기만 하는 것까지 포함해 웹에 접속하는 일 자체가 이미 '비트의 복제'이며, 바로 이러한 복제가 이상계의 본질이기 때문이다. 콘텐츠를 절취한다고 해서 그것을 원래 소유하던 사람이 사용하지 못하게 되는 것이 아니며, 또 복제가 많이 일어난다고 해서 사용자 간에 경합이 일어나지도 않는다. 콘텐츠가 지닌 일견 공공재적인 성격 때문이다. 이는 '아이디어', '사상', '예술'과 같은 것들도 그러한 식으로 전파되었다는 점을 들어 스스로의 양심의 가책을 중화할 수 있기 때문이기도 하다. 그렇기에 편의점에서 신문 한 장 훔치는 건 꿈도 못 꾸는 사람들이 태연하게 수십, 수백, 수천만 원어치의 '비트'를 절취하는 것이다. 그러나 대부분의 선진 사회에서 이러한 부조리는 적어도 이상계를 유지하면서 발생하는 부대적 손해 정도로 치부될 수 있었다. 책방이나 소프트웨어 판매점에서 절도를 저지른 것은 아니니까. 그러나 카피본 CD가 정품보다 찾기 쉽고, 게임기를 사면 그 옆에서 자연스럽게 납땜 개조를 해 주는 중국의 거리는 상황이 다르다. 현실이기 때문이다. 게다가 최근 서울 거리에서도 복제 DVD 행상들이 늘어나고 있다. 가상 현실 속에서 벌이던 일을 현실에서도 자행하는 사건이 빈발하는 데에는, 그리고 그것이 일상이 된 풍경에는 원인이 있을 것이다.

어쩌면 이것은 이상계에서의 경제 감각이 현실계로 이전되었다는 신호일 수 있을 것이다. 불법 DVD를 한 아름 고르면서도 아무런 죄의식을 못 느끼는 소비자들이 그 증거다. 그러나 인터넷 시절 이전에도 길보드 차트의 불법 테이프가 존재했다는 사실을 비추어 보면, 그저 변화된 소비자 의식이나 집단 심리로 설명하기에는 부족한, 더 근본적인 무엇이 있다.

비트의 복제를 통해 꿈꾸는 새로운 이상향

중국 거리의 풍경은 고도 성장기의 우리의 자화상 같다. 불과 얼마 전만 해도 대학 교내 서점 옆 복사 코너에서 전공 서적을 제본해 주는 일이 흔했다. 공부를 한다는데 뭐 어떠랴, 했다.

"정보를 받고, 그 정보를 활용한다는데 뭐 어때?" 마찬가지다. 여기에서 더 나아가 "정보를 받고, 그 정보를 좀 바꾸는 게 뭐 어때?"라는 감각이 싹튼다. 모방 산업이 생겨나는 배경이다. 중국식 모방 산업의 정수 '식품 개조'를 둘러싸고 벌어지는 다양한 그러나 심각한 수준의 해외 토픽들은, 이 세계 질서 개조 활동을 단순히 무개념의 소치라 치부하기에는 더 근본적인 동인이 있을 수밖에 없을 것이라는 의심이 들게 한다. 왜 이런 일이 일어나는 것일까? 인공 달걀이 만들어지는 것은 공산주의에서 시작해 자본주의로 가는 실험 과정에서 생긴 병폐일 뿐일까? 정말 그렇게라도 달걀을 만들어 사람들에게 먹일 수 있는 것이 차라리 옳은 일이라고 생각한 것은 아닐까?

중국은 선부론(先富論)의 개혁 개방 정책 이래 중앙의 암묵적인 승인하에 소득 격차의 극대화가 수십 년째 진행 중이다. 그리고 그러한 상황에서 살아가는 개인들은 당연히 '갖고 싶은 것'과 '필요한 것'을 본능적으로 구분할 수밖에 없게 되었다. 특히나 '비트'로 치환 가능한 생각과 문화와 예술은 대개의 장삼이사들에게 '갖고 싶은 것'의 영역으로 분류된다. 그러나 대부분의 인민들은 그 '갖고 싶은 것'을 좀처럼 얻어 낼 수가 없다.

어떻게 인민들이 '갖고 싶은 것'을 향유할 수 있을까? 그리고 더 나아가 갖고 싶은 것을 스스로 찾고 만들어 낼 수 있을까? 모든 혼돈은 이 물음에서 시작된다.

무라카미 하루키의 처녀작 『바람의 노래를 들어라』에는 이런 내용이 있다.

"만일 당신이 예술이나 문학을 추구하고 있다면 그리스인이 쓴 것을 읽으면 된다. 진짜 예술이 탄생하기 위해서는 노예 제도가 필요 불가결하기 때문이다. 고대 그리스인이 그랬듯이 노예가 밭을 갈고, 식사를 만들고, 배를 젓고, 그리고 그사이 시민은 지중해의 태양 아래서 시작에 전념하고, 수학을 다룬다. 예술이란 그런 것이다."

21세기에도 여전히 현대적 의미의 고대 그리스인이 아니라면 예술이나 문학을 할 수 없는 것일까? 그렇지 않을 수도 있다는 희망을 이상계가 보여 주었을지도 모른다. 어쩌면 불법 콘텐츠가 난무하는 중국의 이상계는 저작권과 같은 현존 질서로는 해소할 수 없는 어떤 근본적 갈증

에 직접 쏴 대는 대변혁의 물꼬에 불과한 것은 아닐까. 그들은 정말 그
렇게 생각하고 있는지도 모른다.
저작권은 "창조의 모티베이션을 보호"하기 위해 등장한 지극히 근대적
인 얼개에 불과하다. 그러나 이 얼개가 21세기에도 영속적으로 의미를
지닐 수 있을지는 아무도 모른다. 그리고 지금 특허를 포함해, 굳어 버린
지적 재산권을 의심하는 수많은 움직임이 있다. 서양 자본주의가 가르
쳐 준 '재산권'이라는 이야기에, '자유'라는 이야기에, 정보라는 비물질
의 낯섦에, 게다가 이상계라는 초월성에, 물권적 제도와 이에 기반한 법
리적 상식이 충돌하면서 2009년 오늘 중국산 대혼돈이 시작되고 있다.

한 TV 토크쇼에 박진영이 출연해, 자신이 키운다는 어느 가수의 이야
기를 하면서 어렵게 큰 이 친구가 보이즈투멘의 음반을 사기 위해 두
달씩이나 버스를 타지 않고 걸어 다니며 토큰을 모았고, 음반을 산 후
에는 테이프가 늘어질 때까지 들으며 따라 불렀다고 했다. 그러면서 그
는 "아픔을 아는" 뮤지션의 정서를 강조했다.
그 친구가 몇 년만 더 늦게 태어났더라면, 이만 원이면 살 수 있는 중국
제 MP3 플레이어에, 보이즈투멘의 음악 파일을 P2P로 받아 넣어 놓고
서 마음껏 즐길 수 있었을 것이다. 디지털이기에 늘어질 일도 없고, 언
제든 다시 내려 받을 수 있으니 버려도 아깝지 않을 것이다.
그러니 좋은 시대가 온 것일까? 적어도 더 좋은, 더 많은 음악들이 더 많
은 이들의 귀에까지 도달해, 그들이 음악을 만들 꿈을 꿀 수 있게 한다
면, 더 많은 뮤지션이 나올 수 있게 한다면, 그리하여 사회 전체의 창조
성이 증대된다면, 이것도 나름 옳다고 생각할 수는 없을까? 어쩌면 이것
이 중국적 생각일지도 모른다. 그 혼돈 속에서 그들은 무엇을 꿈꿀까?

얼마 전 TV에서 중국 농민공(시골 출신의 도시 노동자)의 이야기를 보다
가, 그들에게는 이만 원짜리 MP3 플레이어조차 얼마나 큰 사치인가 깨
닫고 말았다. 그런 그들에게 자본주의가 선물한 '정품 CD'는 무슨 이야
기를 해 줄 수 있을까?
그들 중 단 한 명이라도, 힘든 현실을 어루만질 음악을 듣고 엄청난 창

조력을 발휘해 낼 가능성을 가지고 있다면? 그리고 이 혼돈이 그러한 이들의 권리 장전의 일환이라면? 어느새 그들은 현실 질서로부터 유리된 이상계를, 아니 자본주의를 착취할 공산주의를 이상계 속에서 완성해 버린 것일지 모르겠다.

김국현 // goodhyun@live.com
서울대학교 자연과학대학을 졸업한 후 IT 벤처 회사를 거쳐 한국 마이크로소프트에서 일하고 있다. 현재 ZDNet의 메인 칼럼니스트로 활동 중이며, IT 자체가 아닌 IT를 이용한 기업의 발전을 고민하고 있다. 지은 책으로 『코드 한 줄 없는 IT 이야기』, 『웹 2.0 경제학』이 있다.

언니들, 이제 뭉치는 것만으로는 충분하지 않다

김지미

여성들은 민감하다. 스크린 밖에서도 스크린 속에서도. 남성에 비해 사회적으로 올바른 여성상이 더 급격하게 변화하는 탓에 세월의 변화에 따라 스크린 속의 여성의 삶도 변화무쌍하고 그것을 지켜보는 여성들의 기대치도 시시각각으로 변한다. 분명 영화의 탄생과 함께 여성은 스크린 속에 존재해 왔지만 우리나라에서 '여성 영화'라는 꼬리표가 붙은 영화들이 양산되기 시작한 것은 「무소의 뿔처럼 혼자서 가라」가 나온 1995년 이후가 아닌가 싶다. 그 이후 여성 주인공의 당찬 홀로서기나 다양한 계층의 여성 연대를 다룬 작품들이 페미니즘 담론과 함께 부각되기 시작했고 그것은 일종의 트렌드처럼 여겨지기도 했다. 그러나 곧 페미니즘의 진보적인 정치색과 양성 평등이라는 '무시무시한(?)' 야망에 대해 엄청난 반감이 일면서 "꼴페미" 등 여성주의를 폄하하는 용어들이 등장하기 시작했고 페미니즘에서 트렌드적인 요소는 소멸되었다. 그 이후 여성 영화는 강하고 독립적인 여성 캐릭터보다 좀 더 말랑말랑한 요소들을 부각시키기 시작했다.

그리하여 여성 영화는 종종 여'성(性)' 영화로 부각되기도 했다. 물론 남성의 성에 비해 공개적으로 발화된 일이 별로 없는 여성의 성을 에로틱하지 않게 스크린 위로 소환해 내는 일은 쉽지 않은, 그리고 매우 의미 있는 작업이었다. 「처녀들의 저녁식사」는 처녀들의 육체적인 성을 기대했던 남성들에게는 실망을 안겨 주었을지 몰라도, 여성들에게는 언어와 영상을 통해 성에 대한 현란한 말잔치를 거침없이 선보이며 위안을 제공했다. 말하자면 '아! 이제 호스티스나 애마부인이 아닌 여성들도 섹스하고 싶다고 말할 수 있는 세상이 온 것이로구나.' 뭐 그런 기분이었다고나 할까. 그 후 10여 년의 세월이 흐른 요즘의 스크린 속 여성들의 삶은 그로부터 얼마나 멀리 왔으며 얼마나 튼튼하게 자랐을까. 또 얼마나 민감하게 지금-여기의 여성들의 삶과 조응하고 있을까.

화려하고 세련되게 다시 그 자리로

2007년 후반기에 나온 「어깨너머의 연인」은 외관상으로는 2007년이라는 시간에 부합하는 여성 영화의 탈을 쓰고 있다. 사진 작가인 정완(이미연)과 전업 주부인 희수(이태란)는 둘도 없는 친구이다. 전문직 여성과 주부를 진보/보수 혹은 세련됨/촌스러움과 같은 상투적인 대립쌍으로 놓지 않고 여성이 취할 수 있는 동등한 선택지로 놓은 출발점은 긍정적이지만 서사가 진행될수록 복고적인 사고방식이 드러나면서 이 영화의 외관과 내면의 불일치가 불편해지기 시작한다. 두 여성은 우선 지난 세기말부터 도시 여성을 설명하는 데 가장 빈번하게 사용되는 '쿨'함이라는 클리셰에 갇혀 있다. 희수는 남편의 외도에 매우 '쿨'하게 대처하고, 정완은 누구와도 사랑에 빠지지 않는 '쿨'한 연애를 선보인다. 그러나 희수는 남편의 애인이 별 볼 일 없는 애송이일 뿐 아니라 남편을 전혀 사랑하지 않는다는 데 자존심이 상하기 시작하고, 정완은 유부남과 사랑에 빠지면서 질척거리기 시작한다.

이 영화에서 가장 흥미로운 대목은 정반대 상황에 있는 두 여성, 바람을 피우는 남편을 둔 희수와 다른 여자의 남편과 불륜에 빠진 정완이 상충되는 이해관계 때문에 칼날을 세우며 대립하는 장면이다. 하지만 그뿐이다. 이해관계가 직접 얽혀 있는 것은 아니기 때문에 그들의 갈등은 목청 한번 높이면 그만인 소동으로 끝나고 만다. 그리고 두 여자가 택한 길은 안 보고도 알 수 있는 뻔한 길이다. 희수는 직업전선에서 지지부진하다가 갑작스럽게 남편에 대한 사랑을 인식하고는 가정으로 복귀하고, 정완은 유부남과의 부적절한 관계를 청산해 버린다. 이 결말을 보고 있노라면 이태란의 멋진 패션쇼나 이미연의 '시크'한 스타일을 보여 주는 것이 목적이 아니라면 이 영화가 굳이 2007년에 만들어질 이유가 무엇일까, 질문을 하지 않을 수 없게 된다.

물론 한 가지 측면에서 이 영화는 현 세태를 가장 잘 드러내 주는 주제 의식을 분명히 하고 있기는 하다. 모든 인간관계를 좌우하는 가장 중요한 기준이 경제성이라는 것이다. 결국 희수가 짓밟힌 자존심을 챙기지 않고 사랑을 운운하며 남편에게 돌아간 이유는 그녀가 경제적으로 자립할 만한 능력을 전혀 갖추지 못하고 있을 뿐 아니라 그럴 의욕이나 결의 따위를 진지하게 품어 본 적이 없다는 데 있다. 그녀는 자신의 사랑이 돈으로 채워질 수 있다는 것을 매우 당당하게 드러낸다. 그리고 그녀와 정완의 멋진 우정 역시 희수 남편의 경제적인 지원으로 인해 더욱 화사하게 빛난다. 희수가 남편에게 돌아가는 것도 납득하기 쉽지 않지만 정완이 후쿠야마 마사하루를 만나러 일본으로 떠나는 결말은 더더욱 기만적이다. 정완의 뒷모습은 원하는 바를 따라 훌훌 떠나는 독신녀의 모습으로 한껏 포장되었지만 과연 그녀가 무엇을 얻었고 무엇을 깨달았으며 무엇으로부터 자유로워졌는지는 알 수 없다. 결혼의 신성성을 깨뜨리지 않으려는 유부녀와 그것으로부터 배제된 비혼녀의 우정은 껍데기뿐인 화해로 읽힐 뿐이다. 이 영화가 공허한 이유는 희수나 정완이 숱한 우여곡절을 겪고도 전혀 성장하지 못한 채 처음 모습 그대로 남아 있기 때문이다.

뒤늦게 성에 눈뜬 스크린 속 20대 여성들

이에 비하면 사탕같이 달콤한 로맨틱 코미디를 꿈꾸는 「기다리다 미쳐」에 나오는 20대들의 모습이 오히려 진일보한 편이다. 그 전까지 스크린 속 여성들은 이상하게도 서른이 넘어야만 자유로워지곤 했다. 나이 든 여성보다 어린 여성들이 실제로 더 보수적이고 체제 순응적이라고는 하지만, 영화 속 20대 특히 스무 살을 갓 넘긴 여대생들은 대부분 청초한 자태를 지켜 왔다. 심지어 '엽기적인 그녀'마저도 결국에는 견디지 못하고 외치지 않는가. "견우야! 나도 어쩔 수 없는 여자인가 봐." 겉으로는 거칠고 당당한 듯 보이는 젊은 여성의 매력은 순수한 내면 혹은 처녀성을 상기시키는 수줍음을 담보로 한다는 구닥다리 이데올로기를 20대 여성 캐릭터들은 쉽사리 깨지 못했다. 그러나 「기다리다 미쳐」 속의 여성들은 아주 귀엽게 그 경계를 넘어선다. 이 영화는 군대 간 남친과 여친, 네 커플을 주인공으로 삼고 있다. 그러나 '기다리다 미쳐'라는 제목에서 이미 명시하듯, 군대라는 한정된 공간을 벗어날 수 없는 남성 주인공들보다는 그들을 기다리거나 기다리지 않기로 결정할 수 있는 여성 캐릭터들에 더 많은 초점이 맞춰져 있다. 누구는 죽을 둥 살 둥 일편단심 기다리다가 엉뚱하게 남친

의 친구랑 하룻밤을 보내고, 누구는 짝사랑하던 선배가 군대에 묶여 있는 틈을 타 대담하게 대시를 한다. 누구는 철없는 스물댓 살짜리를 기다리는 서른 살 자신이 초라해지고, 또 누구는 남친이 군대를 갔든 말았든 신경 쓰지 않고 신나게 즐긴다. 그들은 분명 군대라는 외부적 요인에 의해서 한시적 이별을 경험하지만 그 경험을 토대로 성장한다. 무엇보다도 그들은 섹스 때문에 희생하거나 희생되지 않는다. 그들은 「색즉시공」 속의 여성들처럼 눈요깃감으로 전락하거나 청승 떠는 불쌍한 여자가 되지도 않고, 그들의 사랑은 적어도 「S 다이어리」 속 김선아의 그것처럼 피해망상으로 이어지지 않을 것으로 보인다.

무엇보다도 우연히 비슷한 시기에 개봉했던 「내 사랑」의 네 커플이 순수라는 명에를 쓰고 비현실과 동화 속을 헤매고 있을 때 「기다리다 미쳐」의 주인공들은 사랑을 온몸으로 즐기고, 그 결과를 책임지며 그로 인해 비참해지거나 덜 귀여워지지 않는다. 사실 이 영화는 감독이 진보적인 여성상을 구현하기 위해 만든 작가주의적인 작품이 아니라, 인터넷 게시판에서 긁어 온 것 같은 에피소드들로 이루어진 매우 상업적인 로맨틱 코미디에 가깝다. 그런데 우리는 상큼발랄한 로맨틱 코미디 장르 안에서, 혹은 주류 상업 영화들 중에서 사랑을 다루면서 섹스에 이용당하지 않거나 섹스 프루프(sex-proof, '전 섹스는 몰라요'라는 순진무구한 태도)하지 않은 20대 여성 캐릭터가 등장하는 것을 본 일이 있는가. 대개 20대 여성에게 섹스는, 상처로 각인되거나 단 한 명의 운명의 상대에게만 허용되어야 하는 미지의 영역으로 그려지곤 한다. 그렇기 때문에 섹스에 함몰되지도, 마치 그것이 존재하지 않는 것처럼 무시하지도 않으면서 여전히 매력을 발산하는 이 영화 속 여성 캐릭터들은 그 이전의 로맨틱 코미디 속 20대 여성들이 한 번도 걷지 않았던 길을 걷는다.

인생의 진국을 우려내는 나이 지긋한 언니들

젊음은 아름답지만 한시적이며 그들의 사랑은 달콤하지만 생활 세계와는 거리가 있다. 산전수전 다 겪은 언니들이 아니고서는 인생의 진국을 우려내기가 힘든 법이다. 그런 의미에서 「우리 생애 최고의 순간」은 인생의 진한 풍미를 느끼게 해 주는 영화다. 국가 대표 핸드볼 팀이 주인공이라는 이유로 스포츠 영화를 관람하는 자세로 이 영화에 다가섰다가는 실망만 잔뜩 하고 돌아오기 십상이다. 왜냐하면 이 작품은 스포츠 영화의 핵심이라고 할 수 있는, 우리 팀이 어떤 팀과 싸워 이길 것이냐를 명확히 하면서 전진하는 대립 구도를 별로 드러내지 않기 때문이다. 게다가 선수와 공의 동선을 박진감 있게 따라가는 데는 별로 열의가 없어 보이는 카메라를 통해 중계된 경기의 결말은 화려한 우승이 아니라 짠한 준우승이다.

이 작품에서 서른을 넘긴 아줌마 선수들과 대립 구도를 형성하는 것은 상대 팀 선수들이 아니라 같은 팀의 어린 선수들과 남성 코칭 스태프들이다. 여성의 경우 남성에 비해 연령에 따라 사회적 가치가 확실하게 차별되며 이는 여성들 간에도 묘한 긴장 관계를 형성한다. 어린 선수들은 아줌마들이 자신들의 앞길을 막는다며 백전노장의 귀환을 마뜩잖아 하며 코칭 스태프도 경험에서나 지식에서 자신과 동등한, 고분고분하지 않은 그녀들을 불편하게 여긴다. 이것은 나이 든 여성을 바라보는 두 집단(분리된 듯 보이지만 본질적으로는 동일한)의 부정적 시선을 보여 주는 것이다. 하나는 연령적으로 성적 우수성을 갖는 젊은 여성의 시선—실질적으로는 나이 든 여성을 폄하하는 남성의 시선에 비판 없이 동화된 시선—이며, 다른 하나는 여성과의 권력 관계에서 확고하게 우위에 서지 못한 남성들의 불만족스러운 시선이다.

그러나 아줌마들은 그런 시선들에 밀리지 않을 만큼 힘이 세다. 시원찮은 남편 때문에 가장 역할을 도맡아 해야 하는 미숙(문소리)은 아슬아슬하게 가정과 팀

을 조율하며 선수의 역할을 다하고, 감독 대리에서 선수로 강등당한 혜경(김정은)은 자존심 구겨 가며 후배와 동료들을 위해 감독과 체력전을 벌인다. 그들의 승리가 이 영화의 피날레가 아닌 것처럼 영화의 초점은 핸드볼 경기가 아니다. 그들의 삶은 어떤 강도 높은 체력 훈련보다도 빡세며, 숨통을 조여 오는 경제적 압박과 엄마/가장으로서의 책임감은 그 어떤 전력의 상대 팀보다도 강력한 적이다. 어떻게 보면 핸드볼 경기장은 그들을 삶의 현실적인 조건으로부터 잠시 도피시켜 줄 수 있는 '꿈의 구장'일지도 모른다. 그래서 경기장 안에서 서로를 부둥켜안는 그녀들의 포옹 장면은 팀워크를 보여 주는 동시에 경기장 밖의 거친 현실을 뚫고 나가야 하는 같은 처지의 여성들이 느끼는 연대감을 표현한 것처럼 보인다. 그리고 영화의 엔딩 크레디트에 등장하는 감독의 실황 인터뷰는, 2004년 아테네 올림픽 당시 준우승의 기쁨에 들뜨기보다는 선수들의 현실적인 어려움을 걱정하는 감독의 모습을 보여 주며 그러한 연대감을 스크린 밖으로 확산시킨다.

핸드볼 팀의 끈끈한 연대는 같은 시기 개봉했던 「뜨거운 것이 좋아」에 나오는 가족 내 여성들의 연대와 비교했을 때 더욱 빛을 발한다. 「뜨거운 것이 좋아」는 감독 자신이 5년 전에 만든 「싱글즈」의 그늘을 벗어나지 못했다. 「싱글즈」 속 스물아홉 살 여성의 쿨한 연애와 패기만만한 도전 의식에는 탄산음료처럼 톡 쏘는 상큼함이 있었지만, 「뜨거운 것이 좋아」에는 청량감이 사라진 달짝지근한 설탕물만이 남아 있을 뿐이다. 10대, 20대 그리고 40대에 해당하는 모녀, 자매, 이모와 조카 관계의 세 여인들의 고민은 너무나 표피적이고 제목과는 달리 '뜨거운 것' 근처에는 한 번도 가지 못한다. 폐경기에 20대 젊은 남자를 만나 헷갈리는 40대의 영미(이미숙), 스물일곱에 입봉이 오리무중인 시나리오 작가 아미(김민희), 자신의 성 정체성에 혼란을 느끼는 고딩 강애(안소희). 이 세 여인의 문제는 그들의 삶을 뒤흔들어 놓지 않으며 그렇다고 관객의 마음에 와 닿는 것도 아니다. 그들은 미지근하게 문제에 봉착했다가 은근슬쩍 빠져나가며 쇼핑하고 술 한잔 부딪히는 것으로 찐하게 뭉쳤다고 착각한다. 이들에게는 스타일은 있으나 삶이 없고, 폐경, 섹스와 같은 육체의 혼란은 있으나 영혼의 번민은 없다. 그래서 그들은 그냥 원래 있었던 곳으로 부메랑처럼 돌아가며 그것이 조화로운 상태라고 자위하는 데 그친다.

그것은 「경축! 우리 사랑」의 주인공 봉순 씨(김해숙)가 영화가 시작할 때와 끝날 때 확연히 다른 지점에 서는 것과 매우 대조적이다. 봉순은 가족을 위한 가사 노동에 하숙생의 뒤치다꺼리를 하며 밤이면 남편과 함께 운영하는 노래방 카운터까지 보는 서민형 슈퍼우먼 혹은 노동 계급의 '알파걸' 같은 여성이다. 너무나 평범했던 그녀가, 딸이 결혼하겠다고 선언했다가 느닷없이 버리고 간 하숙 청년 구상을 돌봐 주는 과정에서 변하기 시작한다. 처음에는 분명 연민에서 시작됐던 손길이 점차 연정으로 변하고, 급기야 솟아오르는 욕정을 참지 못하고 그를 덮치는 데까지 이른다. 「정사」 이후로 연상연하 커플이 더 이상 그로테스크한 풍경만은 아니라는 인식이 생겨나긴 했지만, 스크린 위에서 연하의 귀여운 남성과의 섹스를 사랑으로 인정받으려면 그 여성은 외관상 '여전히 아름답다' 혹은 '전혀 그 나이로 보이지 않는다' 정도는 되어 줘야 했다. 그러니까 스무 살 가까운 나이 차를 극복하기 위해서는 여성이 이미숙같이 여전히 섹시한 풍모여야지 김해숙같이 수더분한 외모여서는 곤란했던 것이다.

그러나 김해숙은 그 경계를 능청스럽게 넘어선다. 그녀는 여전히 아줌마스러우면서도 소녀 같고, 엄마이면서도 가족 이외의 사람에게 사랑을 갈망하는 여성의 모습을 훌륭하게 연기한다. 김해숙이 갖고 있는 '국민 엄마'라는 아우라는 이 영화 속에서 아이러니컬하게 전복되고 이로써 봉순이라는 캐릭터는 더욱더 폭발력을 갖는다. 봉순 씨의 진보성은 무엇보다도 그녀가 가족을 깨뜨리거나 다시 만들기를 선언하지 않는다는 데 있다. 그녀는 남편이 아닌 남자의 아이를 갖고도 뻔뻔스럽게 원래의 가족 안에 남아 있기를 원하며 오히려 애인인 구상을 포함한 확장된 가족을 꿈꾼다. 그러면서 동시에 정상 가족을 복구하려고 안달복달하는 남편과 딸의 요구에는 묵묵부답으로 일관한다. 엄마나 아내로 잊힌 그녀의 이름은 부적절한 연애를 통해 구상이 좋아하는 '봉순'으로 동네 사람들의 머릿속에 새롭게 각인된다. 가족 안에 묻혀 있던 여성이 하나의 독립된 자아로 존재감을 찾아가는 영화들은 많이 있었으나 그것은 언제나 가족이라는 틀을 깨뜨려야만 가능한 것이었다. 그러나 이 작품 속에서 봉순은 가족을 자기 식대로 확장해 버리고 그것에 대해 너무나도 당당하다. 봉순이라는 캐릭터는 행동으로 이렇게 말한다. 정상 가족에 대한 집착만 버리면 누구든 자유롭게 가족이라는 울타리 안으로 들어오거나 나갈 수 있으며 그럴 때에야 비로소 가족은 가족주의라는 굴레에서 자유로운, 그리고

누구에게도 상처의 기원이 되지 않
는 진정한 보금자리가 될 수 있는 것
이 아닐까. 가족주의를 초월하여 진
정 자유롭게 훨훨 날아가는 봉순 씨
의 모습은 「바람난 가족」의 호정(문소
리)보다 덜 공격적이지만 더 당차고
「가족의 탄생」의 언니들보다 덜 쿨하
지만 더 진보적이다.

현실 속 여성들의 삶은 너무도 다채
로워서 한정된 이미지 안에 그것들을
포획하기란 거의 불가능하다. 하지만 영화는 언제나 그 불가능한 작
업에 도전한다. 그 작업이 의미를 갖는 순간은, 이미 보여 주었던 이
미지들을 복제하거나 사회의 지배적인 아이디어들을 재생산하는 때
가 아니라, 기존의 이미지들이 한 번도 가 보지 않았던 길을 비추거
나 우리를 억압하는 생각들로부터 벗어날 수 있도록 숨통을 터 줄
때이다. 여성 영화의 경우 그러한 요구는 특히 절실하다. 왜냐하면 영
화의 역사 이래 여성은 스스로를 비추는 카메라를 갖기보다는 타인
들의 시선을 통해서 재현되는 일에 더 익숙했고 그로 인해 영화는 타
자화된 여성상을 재교육하는 매체로 기능하곤 했기 때문이다.
2007~2008년에 개봉한 영화들의 무수한 여성 주인공들 가운데 우
리는 익숙한 얼굴과 새로운 얼굴을 많이 만날 수 있었다. 오래되어서
좋은 것들, 자꾸 만나서 반가운 것들이 분명히 있긴 하지만 영화 속
여성상에 대해서만은 아직까지는 새로운 것이 더 매력적이다. 새로운
것이 항상 진보적이기 때문이라서가 아니다. 수많은 여성들의 얼굴이,
또 그들의 몸이 이야기되지 않았고 화면 위로 그려지지 않았기 때문
이다. 그녀들이 여성이라는 이름으로 단순히 나열되거나 피상적으로
소집되는 것이 아니라 기존의 이미지로부터 좀 더 해방된 방식으로
자신을 재현하고 삶에 대한 깊이 있는 고민들을 가지고 연대하기를
기대한다. 그래서 자꾸 패션과 타협하려는 매끈한 캐릭터들보다는 거
칠어도 살아 숨 쉬는 언니들의 얼굴을 볼 수 있었으면 좋겠다.

김지미 // sting721@dreamwiz.com
대학원에서부터 국문학으로 박사를 수료한 뒤 대학에서 글쓰기와 관련된 강의를 하고 있으며, 2005년 《씨네
21》을 통해 영화평론가로 데뷔해, 잡지와 일간지 등에 영화 관련 글을 기고하고 있다.

이야기에 빠진 현실, 강풀을 읽는다

김경성

우리는 모두 이야기에 빠져 있다. 드라마를 보며 눈을 떼지 못하는 사람들, 인터넷 게임에 혼을 맡긴 사람들과 소설과 영화, 만화에 빠져 있는 사람들 모두 이야기에 사로잡혀 있다. 사람들이 이야기에 빠지는 것은 최근 들어 새로 생긴 경향이 아니다. 인터넷이 없던 시절, TV가 없던 시절에도 사람들은 이야기를 즐겼고, 신화가 만들어지던 시절까지 거슬러 올라가 보면 이야기의 역사는 인류의 역사에 육박한다.

웹툰으로 거듭난 만화의 마력

만화는 비교적 부담 없이 읽을 수 있어 남녀노소, 내외국인에 관계없이 인기를 끌고 있는 장르이다. 어릴 적 만화 가게에 죽치고 앉아 보내던 시절을 떠올려 보면, 만화를 보는 동안에는 현실이 저만치 물러나 있었던 것 같다. 만화 가게를 나설 때 가벼워진 주머니와 어머니의 꾸중을 걱정하기 전까지는, 적어도 그랬다. 그 나이의 내가 현실을 얼마나 버거워했던 건지는 모르겠으나, 만화 가게를 찾는 일은 일상을 벗어날 수 있는 일이었음에 틀림없다. 신문이나 잡지에서 만화에 먼저 눈이 머무는 것은 어릴 적 경험이 그대로 남아 있기 때문일 것이다.

어린 시절 내가 코 묻은 돈을 모아 만화 가게로 향했던 건 만화의 어떤 '마력' 때문이었을까? 만화에 매혹되었던 가장 큰 이유는 만화가 '지금 여기가 아닌 다른 곳', 즉 딴 세상 이야기를 한다는 데에 있다. 현실에서 감당해야 할 고민이 만화에서조차 반복된다면 굳이 빠져들 필요가 없었을 것이다. 적어도 내가 만화에 빠진 이유를 대자면, 그것이 '딴 세상'의 '이야기'라는 점이다. 그중에서도 '이야기'의 매력은 빼놓을 수 없다.

현재 가장 폭넓은 팬을 거느린 이야기는 TV 드라마이다. TV가 귀했던 시절, TV가 있다면 원수의 집이라도 웃는 얼굴로 찾아가게 만들었던 드라마의 매력은 휴대폰 속으로까지 TV가 들어간 지금에도 여전하다. TV가 신기한 발명품이었던 시절부터 지금에 이르기까지 사람들이 그 앞으로 모여드는 것은 그것이 끊임없이 싱싱한 이야기를 생산해 내기 때문이다. 이제 시청자들은 뉴스를 보면서도 거기서 드라마를 떠올릴 정도이다. TV의 아성에 도전하는 인터넷 사업자들이 이러한 사정을 모를 리 없다. 대형 포털 사이트를 중심으로 형성된 웹툰 시장은 TV 드라마의 인터넷 버전에 해당한다. 만화를 즐겨 보는 이들에게 인터넷에 연재되는 '무료' 웹툰은 신나는 이벤트가 아닐 수 없다. 포털 사이트, 스포츠 신문의 온라인 사이트마다 웹툰 코너가 마련되어 있고, 만화가가 직접 운영하는 개인 사이트까지, 마음만 먹으면 상당한 시간을 만화를 보면서 '때울' 수도 있다. 월화 드라마, 수목 드라마, 일일 드라마가 있듯이 웹툰도 작가마다 정기적인 연재일이 있어 독자들을 포털 사이트로 불러들인다.

웹툰계의 최고 잘나가는 이야기꾼, 강풀

그런데 TV 드라마이건 웹툰이건 독자를 불러들이기 위해서는 훌륭한 이야기꾼이 필요하다. 요사이 웹툰계에서 단연 돋보이는 인물은 만화가 강풀이다. 그림체가 화려한 것도 아니고, 주인공의 캐릭터가 특별히 개성적이지도 않은 그의 만화에 사람들이 빠져드는 이유는 바로 그가 콘텐츠 유통 업체가 애타게 찾던 이야기꾼이기 때문일 것이다.

강풀은 스포츠 신문에 「일쌍다반사」라는 만화를 연재하면서 이름을 알리기 시작했다. 이 만화는 당시 인기를 끌던 여타의 웹툰과 마찬가지로 작가 자신이 화자로 등장하여 자신이 경험했거나 누군가에게 들어서 알고 있는 이야기를 소재로 삼은 것이었다. 다소 엽기적인 소재(「일쌍다반사」의 '쌍'은 작가의 말대로 '쌍스러운' 일들을 다룬다. 주로 배설과 토사물에 관련된 이야기가 대부분이었다.)를 다루면서 인기를 얻은 후, 강풀은 자신의 경험을 전달하는 것을 넘어 이야기를 생산하는 '작가'로 자리 잡게 된다. 강풀의 이야기는 일상 속에 존재하면서도 일상의 흐름에서 살짝 비켜나 주류 이야기에서는 잘 다루지 않았던 소재들을 끌어들인다.(그의 최근작 「그대를 사랑합니다」만 보더라도 사랑의 주체를 흔히 등장하는 젊은이가 아니라 노인들로 바꾸어 독자들에게 익숙한 이야기로 들려준다.) 평범한 사람들의 일상과 작가 자신의 경험담(「일쌍다반사」, 「순정만화」), 소외된 사람들(「바보」, 「아파트」, 「그대를 사랑합니다」), 소외된 역사와 사회적 모순(「26년」, 「지치지 않을 물음표」) 등 다양한 소재를 짜임새 있는 이야기로 엮어 내는 솜씨는 정말 탁월하다. 게다가 탄탄한 이야기에 더해지는 '일상의 소중함'과 '소외에 대한 따뜻한 시선'이라는 선명한 주제 의식은 탄탄한 지지층을 형성하는 데에 밑거름이 되었다. 연재될 때마다 다음 이야기를 기다리게 하는 흡입력과 일관되게 유지되는 따뜻한 시선은 재미와 감동을 동시에 제공하면서 가히 카타르시스라고 할 만한 체험을 선사한다. 강풀의 만화가 연재될 때마다 독자들이 환호하는 이유는 명백하다. 그의 이야기가 재미있기 때문이다. 강풀의 만화는 '이야기'에서 탁월한 성취를 이루었고, 앞으로도 한동안 그럴 것이다.

이야기 소비로 해결하는 자기 위안

내가 어린 시절 탐독했던 만화들과는 달리, 강풀의 '이야기'는 '딴 세상'이 아니라 우리가 살고 있는 일상의 현실을 무대로 펼쳐진다. 작가는 자신이 채집한 '우리 사는 세상'의 소소한 모습들을 애정 어린 시선으로 돌아보길 권한다. 작품 속에서 작가가 일상과 소외에 던지는 따뜻하고 정의로운 시선은 독자들도 쉽게 외면할 수 없는 현실의 문제에 닿아 있다.

일상의 소중함을 환기시키고 또 소외와 사회적 모순을 바로잡을 정의를 바라는 강풀의 이야기에 빠져들다 보면 독자는 자연스럽게 작가의 시선을 자기 것으로 여기게 된다. 강풀의 이야기 속에서 독자는 자신의 마음속에 순수함이 여전히 남아 있음을 확인할 수 있다. 잘 짜인 플롯, 상식을 넘어서지 않는 주장, 착한 분노를 읽으며 독자는 성적, 취업, 돈, 영어 몰입 교육, 대운하 등 자신을 둘러싼 온갖 고민과 언제나 쫓기듯 흘러가는 현실을 잠시 잊은 채 순수했던 자신을 발견할 수 있다. 게다가 동일한 지지를 보내는 다른 팬들과의 연대감으로 힘든 일상 어딘가에 희망이 존재할 것이라는 믿음도 솟아난다.

그러나 한편으로 강풀의 이야기에 동의하는 일은 현실적인 실천을 동반하지 않고도 소수자와 소외, 정의를 지지한다는 심리적 우월감에 이르게 할 수 있다. 선거에 참여해서 뽑히지도 않을 후보를 지지하거나 어디에 사는지도 잘 모르는 독거 노인을 찾아 나서고, 주변의 소외된 사람들을 돌아보는 수고를 하는 것에 비해, 강풀의 만화를 지지하는 일은 얼마나 쉽게 자신의 순수한 열정을 확인하고, 심정적 보상까지 얻을 수 있는 방법인가 말이다. 그러나 이야기에 담긴 현실은 여기까지이다.

강풀이 들려주는 이야기는 우리가 사는 현실에서 건져 낸 이야기이다. 하지만 이야기 속으로 들어간 현실은 더 이상 현실이 아니다. 이야기가 얼마나 짜임새 있는가, 독자의 기대에 얼마나 부응하는 결말을 취하는가의 문제는 전적으로 작가의 역량에 달린 문제이다. 그런 의미에서 강풀은 앞서 말한 대로 뛰어난 이야기꾼임에 틀림없다. 하지만 그와 동시에 뛰어난 이야기꾼이 전하는 현실은 자칫 잘 꿰인 이야기로 '소비'되기가 쉽다. 어린 시절 만화 가게에서 만났던 세상을 다시 제자리에 꽂아 두고 나와야 했던 것처럼, 만화 속 세상을 만화 속으로 돌려보내는 일에 우리는 이미 익숙하다. 정상적인 일상, 상식적인 사회, 잊지 말아야 할 역사조차 만화 속 이야기로 소비하고 마는 현실은 저 먼 우주와 닿을 수 없는 미래를 가리키는 판타지에 비해 얼마나 더 환상적인가. 아니, 환장할 일인가?

김경성 // turtle@saii.or.kr
대학에서 철학을 대학원에서 영상문화를 전공했다. 철학과 영화, 만화, 문학, 대중음악 등에 관심이 많다. 건국대학교 강사. 전 문지문화원 사이 학술팀장. 옮긴 책으로 『비주얼 리터러시』(공역, 근간)가 있다.

문화 무크 소문
2호

발행일	2009년 3월 13일
발행인	박근섭 · 박상준
편집인	장은수
발행처	(주)민음사
기획위원	천정환 · 박경신 · 이영아 · 김지미
편집	천정은 · 박계영
미술	유연이 · 최정은 · 최지은
표지·본문 디자인	김진원
제호 디자인	이경수 workroom
제작	박성래 · 임지헌
마케팅	정대용 · 정대성 · 이민재 · 임광문
홍보	이미현 · 김묘정 · 신연선
물류	박광용 · 심길무 · 박정민
관리	박경희 · 이인선
인쇄·제본	신흥 P&P(주)

135-887 서울시 강남구 신사동 506 강남출판문화센터 5층
대표전화 515-2000 팩시밀리 515-2007
www.minumsa.com

값 9,000원
ISBN 978-89-374-1217-2 03300